永続的に愛され、売れる「熱狂SNSマーケティング」の教科書

SNSで宣伝するな

坂本 翔

KADOKAWA

Prologue

熱狂SNSマーケティングの本質はコミュニケーションの中にある

SNSは「数」を競い合うものではない

「Web広告が効かない」

「インフルエンサーに宣伝してもらったのに反応が薄い」

「上司からSNS運用を任されたけど、何がゴールかわからなくなっている」

――みなさんは、そんな悩みを抱えていませんか?


現在は、個人も企業もSNSアカウントを持つことが当たり前になりました。

コロナ禍以降は屋内で過ごす人が増え、SNSのユーザー数と利用時間も増えました。一方で、情報化の急速な進展もあり人々の趣味嗜好や価値観が多様化したことで、個人・企業を問わずフォロワー数を増やすことの難易度も上がっています。

また、SNS上のコンテンツも飽和状態になってきています。

今は簡単に動画編集ができるアプリが普及し、時間やお金をかけなくても思いどおりに動画を撮影・編集することができるようになったことで、コンテンツ数が増えただけでなく、質の高いコンテンツも増えています。

そのため、**せっかくコンテンツを作っても、多くの人に見てもらえる時代ではなくなってきています**。

これまでのSNSマーケティングは、「数」で判断することが常識でした。

しかし、それが本当に「正解」なのでしょうか？

そもそも、多くの人に見てもらえることが正解なのでしょうか。あるいは、フォロワー数が多ければいいのでしょうか。

答えは「NO」です。

本来、**ＳＮＳは「数」を競い合うものではなく、趣味嗜好が合う人とオンライン上でコンテンツを介して交流するためのコミュニティ**であり、その中で応援したり、応援されたりするものであって、「数が多ければ偉い（正しい）」という世界ではありません。

たとえば、フォロワーが１万人いても１円にもつながらない企業アカウントより、フォロワーが５００人でも毎月１件は確実に商品が売れている企業アカウントのほうが、誰がどう考えても「価値がある」といえるはずです。

つまり、たとえ数が少なくても、**本当に自分や、自社のブランドや商品・サービスに興味を抱いて、ファンになってくれる人を集めるべきであり、「数」だけを追い求めるのは間違い**なのです。

それでは、どうすればいいのか？

その答えをみなさんにお伝えするために書いたのが、この本です。

■これからのＳＮＳマーケティング

ＳＮＳをビジネスで活用する場合、これまで多くの人は「不特定多数の人に見てもらい宣伝する（興味を持ってもらう）ためのもの」「バズらせて一気に認知を広げるためのもの」などととらえてきたのではないでしょうか。

しかし、もともとSNSは「宣伝」のために作られたツールではありません。

SNSの本来の目的は「コミュニケーション」です。

そして、この**「本来の目的」の中にこそ、私がこの本で提唱したい「熱狂SNSマーケティング」の本質があります**。

SNSによる「宣伝」や「拡散」ではなく、「コミュニケーション」に目を向けることで、長く安定して売れ続け、ファンから愛される「ブランド」を作り上げることができるのです。


これまで私は、海外翻訳版を合わせると10冊以上のSNSマーケティングの本を書いてきましたが、今回は「今現在のノウハウ」だけでなく、「近い未来のSNS」にも焦点を当てています。

これからのSNS運用は、どうあるべきなのか。

ぜひ、本書でその答えを確かめていただければと思います。

Contents

第2章

フォロワーではなくファンを増やせ

第3章
宣伝しない時代のコンテンツ作りの極意

第4章

SNSでファンとの絆を深める

第5章

「データドリブン」でSNSの効果を最大化する

第6章 SNSマーケティングのこれから

※本書の内容は、2024年10月現在の情報をもとに執筆しました。

第1章

SNSで宣伝するな

あなたは、SNSをどのようなものととらえていますか?

近年、ビジネスにSNSを取り入れる企業は増えました。しかし、まだまだ「正しい」、あるいは「効果的」な運用をしている企業は少数です。

その原因は、企業が行うSNS運用の成功事例として、「バズ」に象徴される話題性や拡散性ばかりが注目されがちなことにあります。

しかし、企業アカウントとして考える場合、SNSの本当の力は、瞬発的な拡散力ではなく、コミュニケーションの継続によりコミュニティが形成できる点にあります。

この章では、「SNSで宣伝するな」という、この本のタイトルの真意と、「そもそもSNSとは何か」を解説します。

1-1

なぜ「宣伝するな」なのか

■SNSは広告宣伝のためのツールではない

「SNSで宣伝するな」というタイトルを見て、「なんで？」「どういうこと⁉」と驚いて、本書を手に取ってくださった方もいるのではないでしょうか。確かに今は、SNSを宣伝や告知、集客などのためのツールと考える個人や企業は多いです。そして、SNSを効果的に使うことで、大きな宣伝効果が期待できることも事実ではあります。

そこで、まずは**「SNSで宣伝するな」というメッセージの真意**をお伝えいたします。

「SNSで宣伝するな」とは、「SNS上で告知や宣伝をしてはいけない」という意味ではありません。ビジネスでSNSを活用する以上、当然、宣伝や告知をするべきタイミングはあります。しかし、SNSで〝いかにも〟な宣伝色を出すことは、極力避ける必要があります。その具体的な手法については、この本の中で順次解説していきます。

私がもっとも伝えたいのは、**SNSは広告宣伝を一番の目的としたツールとして活用するべきではない**ということです。

もう少し詳しく説明すると、SNSは広告宣伝＝顔の見えない不特定多数への発信を行うためのツールではなく、**理想とする顧客像（ペルソナ……76ページ参照）を対象に絞った発信で、コンテンツを介したコミュニティ作りを行い、ファン作りをしていくためのツール**だということです。

■従来のメディア（マスメディア）とSNSの違い

SNSの一番の特徴は、情報の送り手と受け手の双方向コミュニケーションが可能であることです。これは、テレビやラジオ、新聞、雑誌といった従来のメディアにはなかった大きな特徴です。コミュニケーションが可能な場では、受け手も発信者となり、送り手と受け手はもとより、受け手同士の交流も生まれます。これがコミュニティであり、そのつながりが強化されていくと、やがてコミュニティの参加者は送り手や、送り手が作ったコミュニティ、商品などのファンになっていきます。

そのコミュニティ内での宣伝であれば、ユーザーはそれを求めている可能性が高いた

マスメディアとSNSの違い

マスメディアは「一方通行」

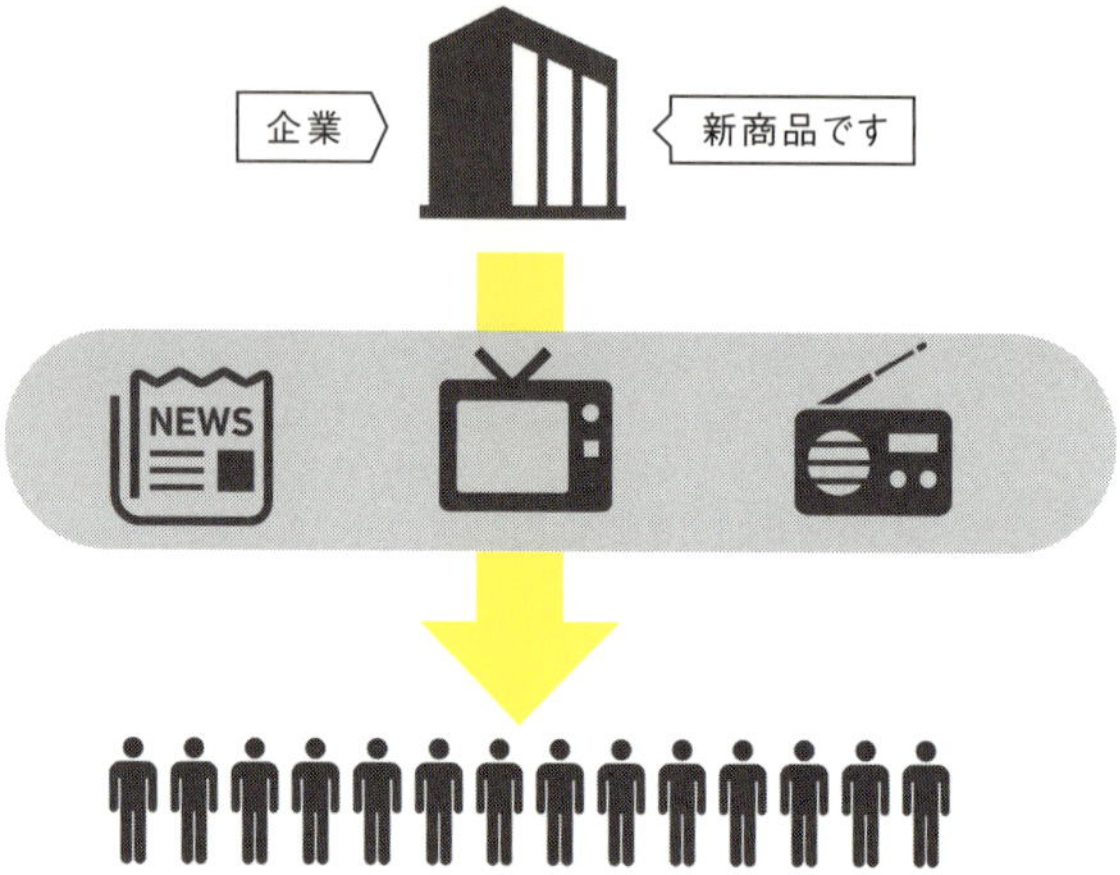

SNSは「双方向」

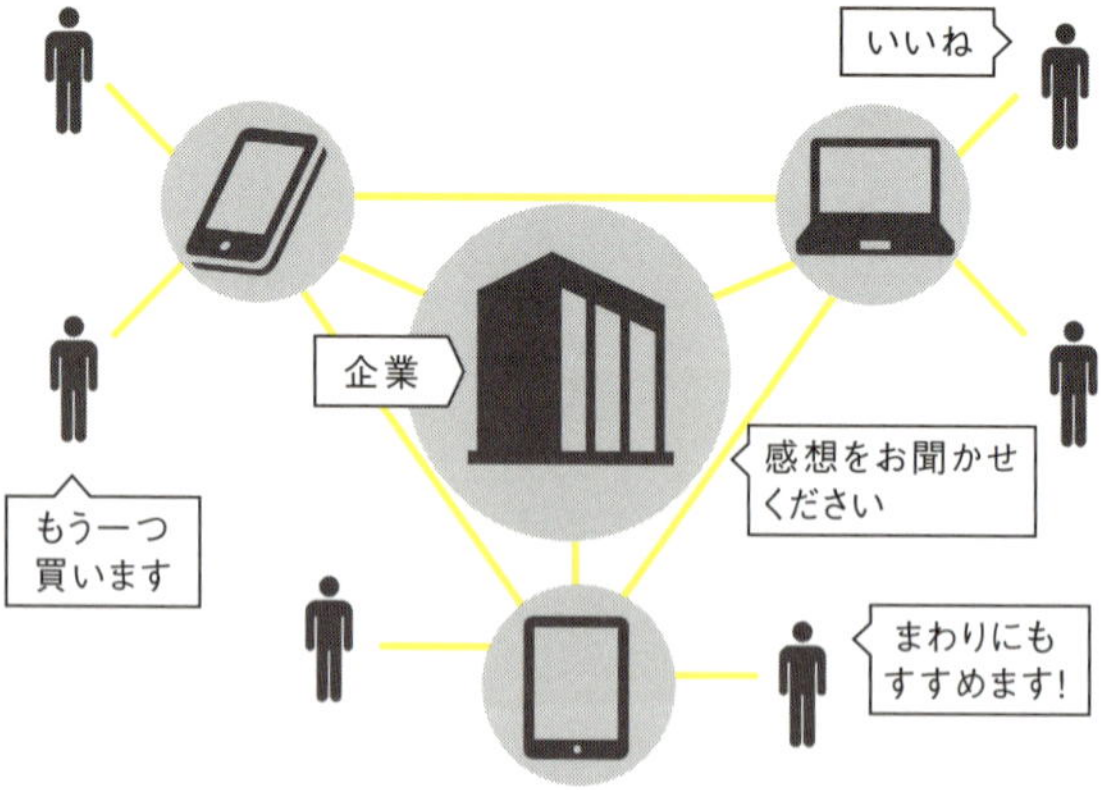

め、〝いかにも〟な宣伝であっても、嫌がられることは少ないでしょう。

しかし、まだそうしたコミュニティがなくファンもいない状態で、**SNSで不特定多数を対象にした宣伝をしても、受け手のほとんどはそれを求めていないため、その宣伝は無意味どころか嫌がられ、逆効果になってしまう**可能性すらあります。

テレビや雑誌など、コミュニケーションが一方通行であるマスメディアでは、受け手は予期せぬ宣伝を受け入れるしかありません。しかし、あえて自分からコミュニティを選択し、参加しているSNSユーザーの場合、SNSに予期せぬ宣伝を受けに来ているという人は存在しません。確かに、SNSは宣伝ツールとしても大いに活用できます。しかし、SNSを不特定多数に向けた宣伝ツールとしてしか見ていないのであれば、それは明らかに間違っているということです。

POINT

SNSは宣伝のためのツールではなく
コミュニティやファンを作るためのツール

1-2 SNSの間違ったイメージ

SNSは透明で広くゆるいコミュニティ

みなさんは、SNSをどういうツールだと思っていますか？　おそらく、次のようなイメージを抱いている人が多いのではないでしょうか。

「フォロワーは多いほうがいい」「新商品が出たときの広告宣伝ツールとして使っている」「まだ顔も名前も知らない人へ情報を届けるためのツール」「インフルエンサーとは、100万人以上のフォロワーがいるようなトップインフルエンサーのこと」

――全部、間違っています。

SNSとは、トップインフルエンサーなどを通した広告宣伝を主な目的として活用するものではなく、**コミュニティ共創によるファン育成および交流の場**です。

たとえば、有名人のファンクラブの場合、会費を払った人にしか見られないコンテンツがあり、その輪の中にいる人だけが交流できるなど、会員と会員以外の人の間には明確な壁があります。実は、SNSも同じようなイメージでとらえることができます。

ファンクラブとの違いは、SNSの場合は不特定多数が見ようと思えば検索して見られるという点ですが、参加者とそれ以外の人たちの間には、透明な薄い壁があるようなイメージです。

そのコミュニティ内で何が起こっているのか、どういう会話が行われているのかは、誰もが見たり聞いたりすることができます。そのため、その輪（コミュニティ）のことは外からもわかり、その輪に加わりたいと思ったユーザーは、コメントや投稿（UGC……39ページ参照）などで気軽に参加することができます。

つまり、**SNSとは透明で広くゆるいコミュニティであり、それを運営側（企業など）が、ファンの力を借りながら作り上げていく場所**なのです。

■人同士がつながっていくプラットフォーム

Instagramの公式サイトには、「Instagramは、誰もが安心でき、支えてもらえるコミュニティづくりに取り組んでいます」という記載があります（2024

SNSの間違ったイメージ

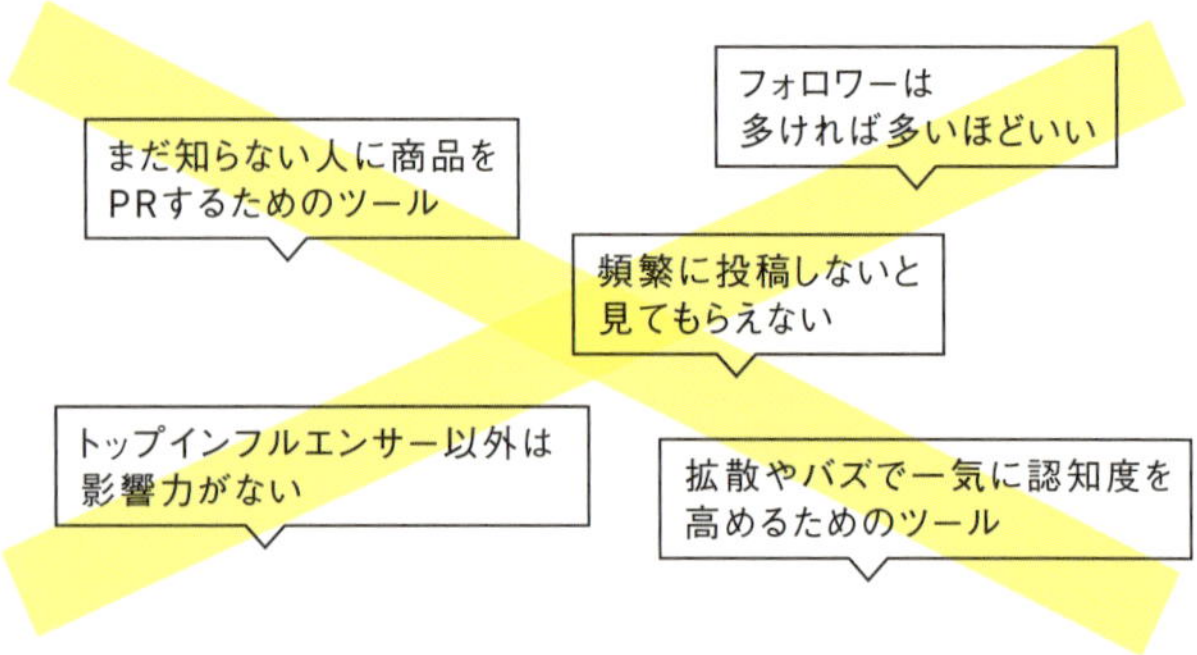

**SNSとは送り手（企業など）がファンの力を借りながら
作り上げていく、透明で広くゆるいコミュニティ**

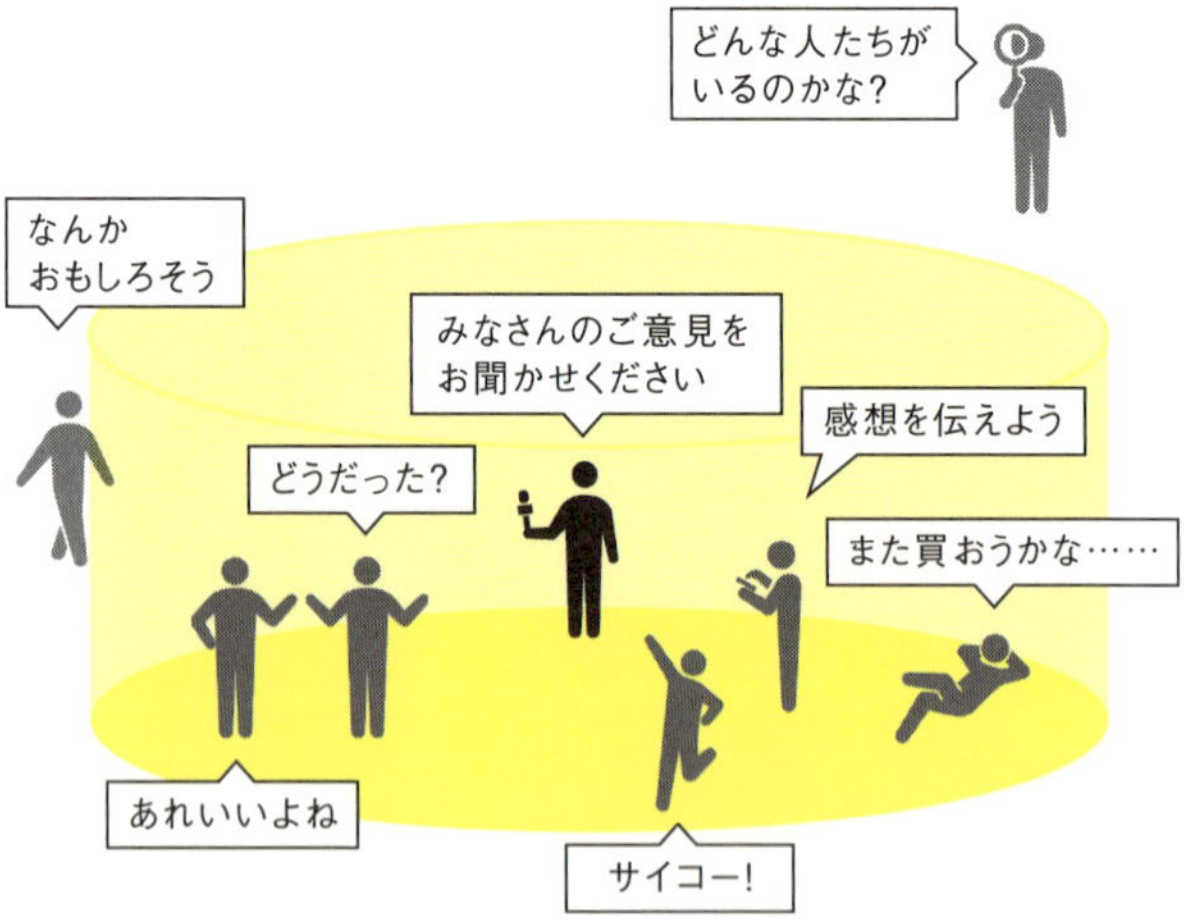

年9月時点)。

このサイトに掲載されている言葉は、数カ月または年単位で変わっていますが、以前から「コミュニティ」という言葉は一貫して使われています。

これは、本来的にはプラットフォーム側も、広告を活用しないオーガニックでのSNS運用の側面では「広告宣伝の場というよりは、コミュニティとして活用し、人同士がつながっていくプラットフォームである」ことを期待していることがうかがえます。

そして、その結果として、売上などにもつながるSNSの活用が可能になるのです。

多くの人気コンテンツがあふれ、SNS内の情報も飽和状態になりつつある中、私には、これからの時代はコミュニティ共創という「SNSの本来の使い方」をしていくことが、個人・企業を問わず求められているように思えてなりません。

POINT

SNSは広告宣伝の場ではなく
人同士がつながるためのコミュニティ

1-3 従来のマーケティング手法の限界

■現代は広告の効果が薄れつつある

ここまで、SNSは広告のための媒体ではなく、コミュニケーションのための媒体であるとお伝えしてきました。

一方で、本書のタイトルにある「宣伝するな」という私のメッセージの背景には、**そもそも現代においては「広告効果が薄れつつある」**という現状があります。

1920年代にアメリカの著述家サミュエル・ローランド・ホールが提唱した、広告宣伝に対する消費者の心理プロセスの法則に「AIDMA（アイドマ）」があります。

この最初のアルファベット「A」は「Attention」の頭文字で、「顧客の注意を引く」という意味で使われます。何で注意を引くのかというと、それは「広告」です。

昔はインターネットも普及しておらず、情報を得られる媒体も限られていました。その

AIDMAとAISAS

「AIDMA」は、消費者の購買に至るまでの心理的なプロセスを表した行動モデル。このAIDMAをインターネットが普及した現代の消費行動に応用したのが、電通によって提唱された「AISAS（アイサス）」です。

インターネット普及以降の行動モデル	インターネット普及以前の行動モデル
Attention（注意） SNSや口コミサイト、Web広告などで消費者が認知する	**A**ttention（注意） 広告などの宣伝で消費者が商品・サービスを認知する
Interest（興味） 情報を得た消費者が商品・サービスに興味を持つ	**I**nterest（興味） 宣伝で情報を得た消費者が商品・サービスに興味を持つ
Search（検索） 消費者がその商品・サービスの情報を検索する	**D**esire（欲求） 消費者がその商品・サービスを「欲しい」と思う
Action（行動） 消費者がその商品・サービスを購入する	**M**emory（記憶） 消費者がその商品・サービスを記憶する
Share（共有） 購入した消費者が満足度などをSNSで共有する	**A**ction（行動） 消費者がその商品・サービスを購入する

SNSは、「AISAS」のうち特に「注意」「検索」「共有」の段階で消費者の行動に大きく影響を及ぼします。そして、この「AISAS」よりさらにもう一歩先の「SNS時代の行動モデル」をイメージして私が考案したのが「1I4A」（72ページ参照）です。

ため、ふんだんな資金を持つ企業がお金をかけて、新聞や雑誌、ラジオなどの媒体を閲覧・視聴するユーザーに向けて広告宣伝することで、企業側は人々の注意を引き、最終的な購買行動へと結びつけていました。

発信側（企業など）と受信側（ユーザー）の立場が固定化していた当時のメディアでは、それがもっとも効果的な広告宣伝の手法だったのです。

しかし、ユーザーが情報を獲得できる媒体が増え、価値観も多様化した現代では、そうした**一方的な広告はコンテンツの享受を邪魔する余計な情報として受け手に嫌われる**傾向にあります。また、情報があふれる現代では、広告が娯楽的コンテンツを装っていたとしても、ユーザーが「あ、宣伝だ」と気づくスピードと感度も上がっています。つまり、**これまでの広告主体の宣伝は限界が来ている**のです。

POINT

メディアが増え価値観が多様化した現代では
そもそも広告効果が薄れつつある

1-4 主な広告手法とそれぞれの現状

新旧の主な広告の特徴と効果

前ページで「広告主体の宣伝は限界が来ている」と書きました。しかし、そうした従来の広告手法は効果が薄れつつあるとはいえ、まだ世の中にあふれています。

ここでは新旧の主な広告手法の概要を説明するとともに、それぞれの特徴や効果についての現状を簡単に解説していきましょう。

新聞広告……みなさんもご存じのとおり、新聞の発行部数は年々減っています。今はSNSやニュースアプリで自分に必要な情報だけを取得できる時代になっているので、デジタルネイティブの若い人たちは新聞を購読していない人がほとんどでしょう。ということは、どの層をターゲットにしているビジネスなのかにもよりますが、新聞広告や折り込みチラシは、現代においては相対的におすすめできないということになります。

テレビCM……近年は、そもそもテレビを視聴しない人が増えています。自宅にテレビがあっても、ＹｏｕＴｕｂｅやＮｅｔｆｌｉｘなどのモニターとして利用しているだけという人も多いのではないでしょうか。テレビでしか見られない番組でも、録画をして、ＣＭ部分はスキップして視聴している人も多いでしょう。ということは、テレビＣＭは、ほぼ全員がリアルタイムで番組を見ていた90年代以前（インターネットの普及前）のような効果は期待できないといえるでしょう。

交通広告……交通広告も定番の広告手法の一つです。コロナ禍も明け、電車などの交通機関を利用する人の数も以前と同じ水準に戻りましたが、今は電車に乗っても手に持ったスマホを見ている人がほとんどです。やはり交通広告も、スマホ普及以前のような効果を期待するのは難しいでしょう。

Ｗｅｂ広告……これはリスティング広告やディスプレイ広告（バナー広告）を指します

新旧の主な広告の種類と特徴

旧	新聞広告	かつてと比べ効果が薄れているが、ターゲットが高齢者層の場合は有効なことも。また、特定の地域をターゲットにした折り込みチラシも一定の効果がある。
旧	テレビCM	現在も一定の効果を持つが、テレビを見ない若い層への効果は年々薄れつつある。現在、テレビの広告費はネット広告費のおよそ半分にまで下がっている。
旧	交通広告	地域を絞って宣伝できることと、メディアが多様化した現在でも接触率を保てることが利点。ただし、スマホの普及以降は効果が薄れつつある。
新	Web広告	ユーザーが検索したキーワードに関連した広告を検索結果ページで表示する「リスティング広告」や、Webページの決められた位置に表示される「ディスプレイ広告」などがある。一定の効果はあるが、ユーザーに嫌がられる可能性があり、改正個人情報保護法の影響で効果が薄れている（31ページ参照）という難点も。
新	SNS広告	名前のとおり、InstagramやX（旧Twitter）、YouTubeなどのSNSプラットフォームに配信する広告。クリック単価が低くコスパがいい、若年層にアピールできる、拡散が期待できるといったメリットがある一方で、高齢者層にはアプローチしにくく、Web広告同様にユーザーから嫌がられる可能性があるといったデメリットも。

（SNS広告は含みません）。たとえばGoogleで検索したとき、検索結果の上部に広告（検索連動型広告）が表示されることは誰もが認識しています。また、特定のサイトを開いたときにいきなり画面を占領するポップアップの広告もWeb広告の一種ですが、あれが「好き」という人は、おそらくいないでしょう。欲しい情報があって調べものをしていたら急に画面を占領されるので、ほとんどの人が「うっとうしいな」と思いながら、画面の端にある「×」印を押しているはずです。シンプルな話で、宣伝したいときに人が嫌がることをする必要はありませんし、こうした広告展開をすることでブランドイメージが毀損されて逆効果になることもあります。そのため、Web広告をマーケティング施策として採用する際には注意が必要です。

従来型の広告が無意味で効果がないわけではない

インターネットやマーケティングの現場では、コロナ禍の影響で大きな変化がありました。多くの人が外出を控えるようになったためインターネットやSNSの利用時間が増え、ユーザー数も増加しました。また、リアル店舗での買い物が自由にできなくなったことで、オンラインでものを売り買いするシステムと文化が定着しました。

主なメディアの利用時間（変遷および年代別）

主なメディアの平均利用時間の変遷（平日・全年代）

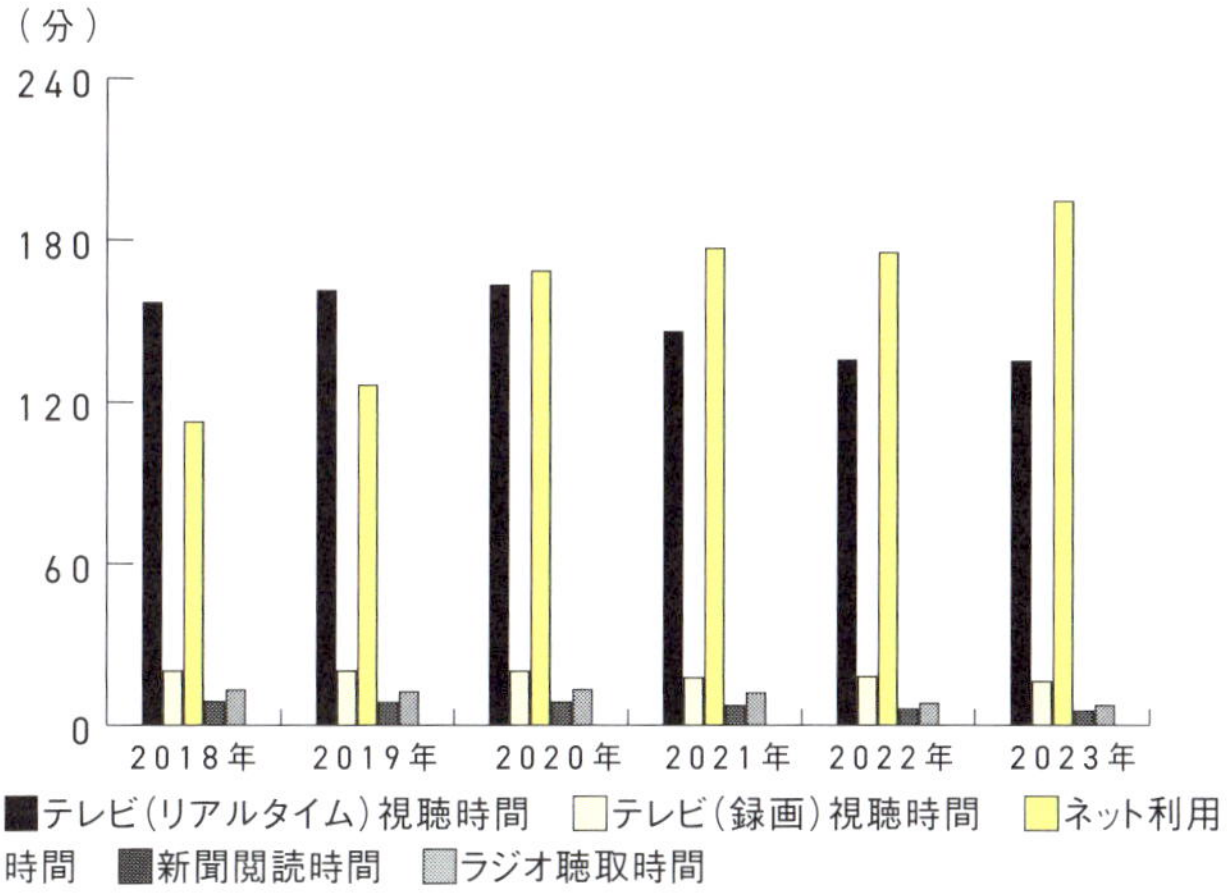

主なメディアの平均利用時間（平日・年代別）※令和5年度

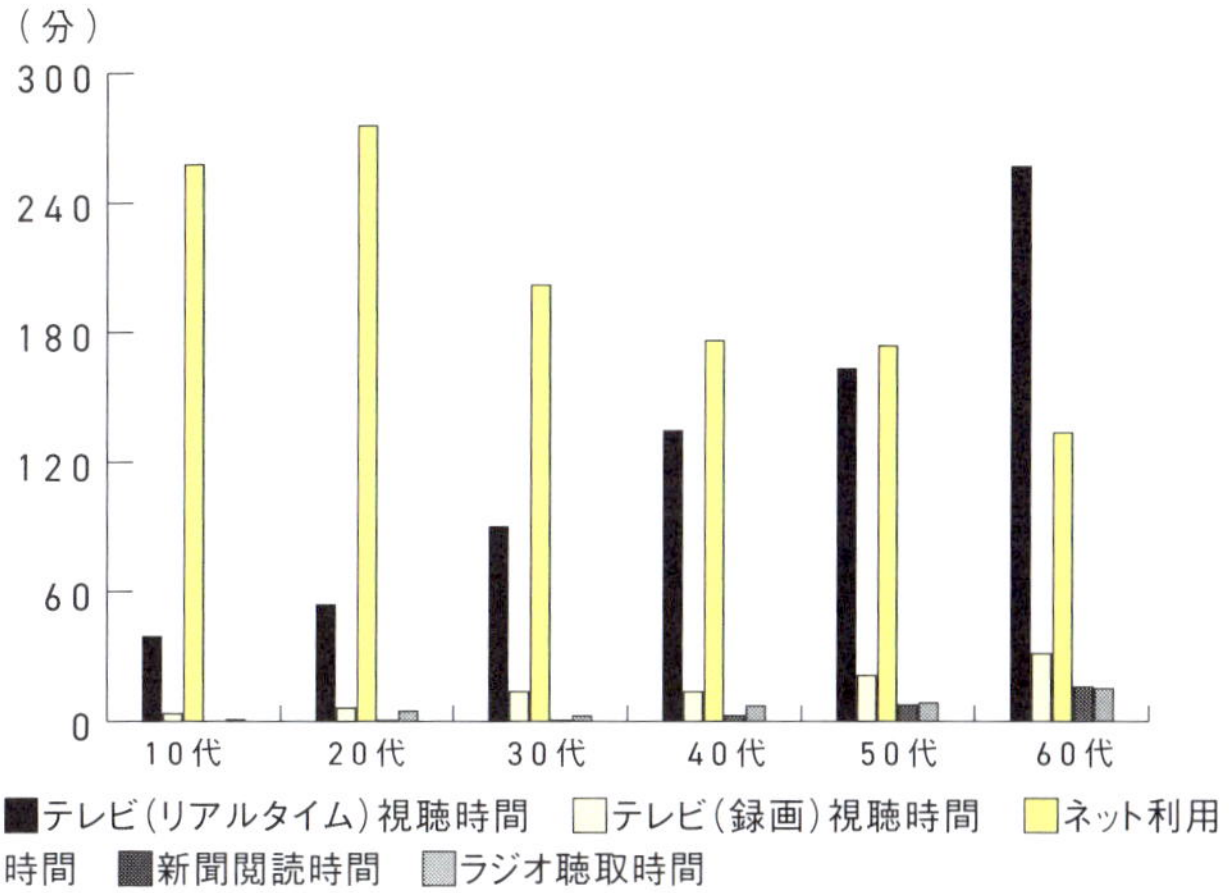

出典：総務省情報通信政策研究所「令和5年度情報通信メディアの利用時間と情報行動に関する調査報告書〈概要〉」

こうした変化を経て、SNSを含むインターネット内でのマーケティングは「やったほうがいいもの」から、「やる必要のあるもの」あるいは「やらなければならないもの」になりました。

とはいえ、新聞広告やテレビCMといった従来の伝統的な広告が、まったく意味や効果のないものになったわけではありません。

宣伝色を緩和して、SNSで「この媒体に、こういう意図で広告を掲載している」といった背景やストーリーを投稿・拡散することで権威性を付加したり、もとの媒体に出稿された広告に触れたりできない人にリーチして効果を発揮する場合もあります。

このように**SNSと従来の広告を掛け合わせることで、それまでの広告手法だけでは得られなかった効果が得られる**ケースもあります。

POINT

Web広告を含め広告の効果は薄れつつあるが
SNSとの掛け合わせで効果を得られる場合も

1-5 法律の改正によるWeb広告への影響

過度な広告の影響とユーザーの反応

2022年4月に改正個人情報保護法が施行され、Ｃｏｏｋｉｅが規制されました。Ｃｏｏｋｉｅとは、Ｗｅｂサイト内でユーザーが入力した情報を保存する機能のことです。改正時に新設された「個人関連情報」には、Ｃｏｏｋｉｅの他、ＩＰアドレス、端末固有ＩＤ、位置情報、閲覧履歴、購買履歴などが該当し、これらの個人関連情報を第三者に提供し、個人情報と紐付ける場合には、ユーザー本人の同意が必要であると規定されました。

なお、もっとも一般的なユーザーの同意を得る方法は、サイト上に「Ｃｏｏｋｉｅ使用についての同意」と記載したポップアップを表示し、ユーザーに「同意する」というボタンをクリックしてもらう方法です。これを読んで「あ〜、あれか」と思った人もい

「個人関連情報」とは？

個人関連情報の定義
生存する個人に関する情報であって、個人情報、仮名加工情報および匿名加工情報のいずれにも該当しないもの。

個人情報……生存する個人に関する情報で、氏名、生年月日、住所、顔写真などにより特定の個人を識別できる情報

仮名加工情報……他の情報と照合しない限り特定の個人を識別できないように加工した個人に関する情報。

匿名加工情報……特定の個人を識別することができないように個人情報を加工し、当該個人情報を復元することができないようにした情報。

インターネット関連の個人関連情報

- Cookie、広告識別子などのID
- IPアドレス
- 位置情報
- サイトや広告の閲覧履歴
- インターネット利用時の行動に関する情報
- アプリケーションやサービスの利用時の行動に関する情報

るでしょう。

近年はリターゲティング広告（一度サイトに来訪したユーザーのデバイスに、自動的にそのサイトの広告を表示させることができるしくみ）が当たり前の時代となっていましたが、こうしたしくみはユーザーからすると「自分のインターネット上の行動が誰かに見られているようで怖い」という感覚になるため、法律によって「本人の同意が必要」と定められました。つまり、**企業側が個人（見込み客）のインターネット上の行動や履歴を追い回すという過度な広告の影響が、このような形で出てきている**のです。

ということは、**ユーザーがCookieの使用に同意しなければ、企業はそのユーザーの情報を得られないため、この数年は以前よりもWeb広告の精度が落ちている**ということになります。こうした状況からも、Web広告に頼った施策は危ういのです。

POINT

改正個人情報保護法の施行によって
Web広告の効果は以前より薄まっている

1-6

ファン作りの重要性

2割の優良顧客が売上の8割を占める

〝マネジメントの父〟とも称される経営思想家のピーター・ドラッカーは、「マーケティングとはセールスを不要にすること」と説きました。

SNSマーケティングの場合も同じです。

最初から広告宣伝をして商品やサービスを売り込むことに注力するのではなく、**ユーザーがファンになった結果として商品やサービスが売れ、売上が伸びていくという形が本来は自然であり、目指すべき姿**です。

マーケティングの世界では、顧客全体の2割である優良顧客が、売上の8割を占めると言われています。この法則は、「パレートの法則」や「2：8の法則」などと呼ばれています。

もちろん、すべての商品やサービスの売上が、この法則に則ってきれいに「2：8」の割合になるわけではありませんが、実際のところ、これに近い割合で売上が構成されている企業は多いと言われています。

この法則に従えば、**2割の優良顧客を徹底的に大切に扱うことで、8割の売上は確保できる**ということになります。

■根強いファンが新たなファン候補を連れてくる

企業から大切にされ、特別扱いをされた2割の顧客は、その企業やブランドのファンとなって応援してくれるためリピーターとなり、新しい商品やサービスがリリースされれば迷うことなく購入してくれるようになるでしょう。

それだけではありません。**ファン化した顧客は、自らの意思で情報を発信して人にすすめてくれる**ようになります。

さらに**ファンの発信は熱量が高いため、ファンがファンを呼ぶことになり、口コミで商品やサービスが広がっていく**ことになります。

こうした熱心なファンのことをロイヤルカスタマー（忠誠心のある顧客）と言います。

「パレートの法則」とは？

「パレートの法則（2:8の法則）」は、特定の要素2割が、全体の8割の成果を生み出しているとする法則。

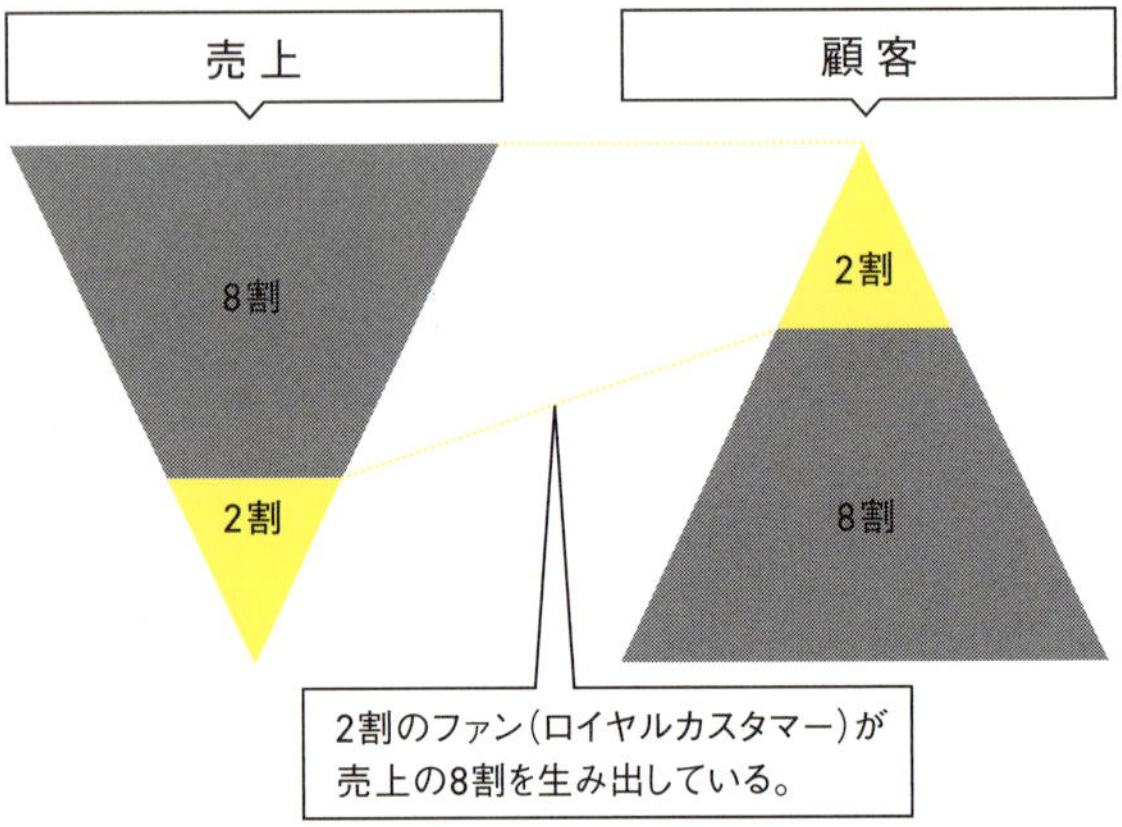

ファンがファンを呼ぶしくみを作る

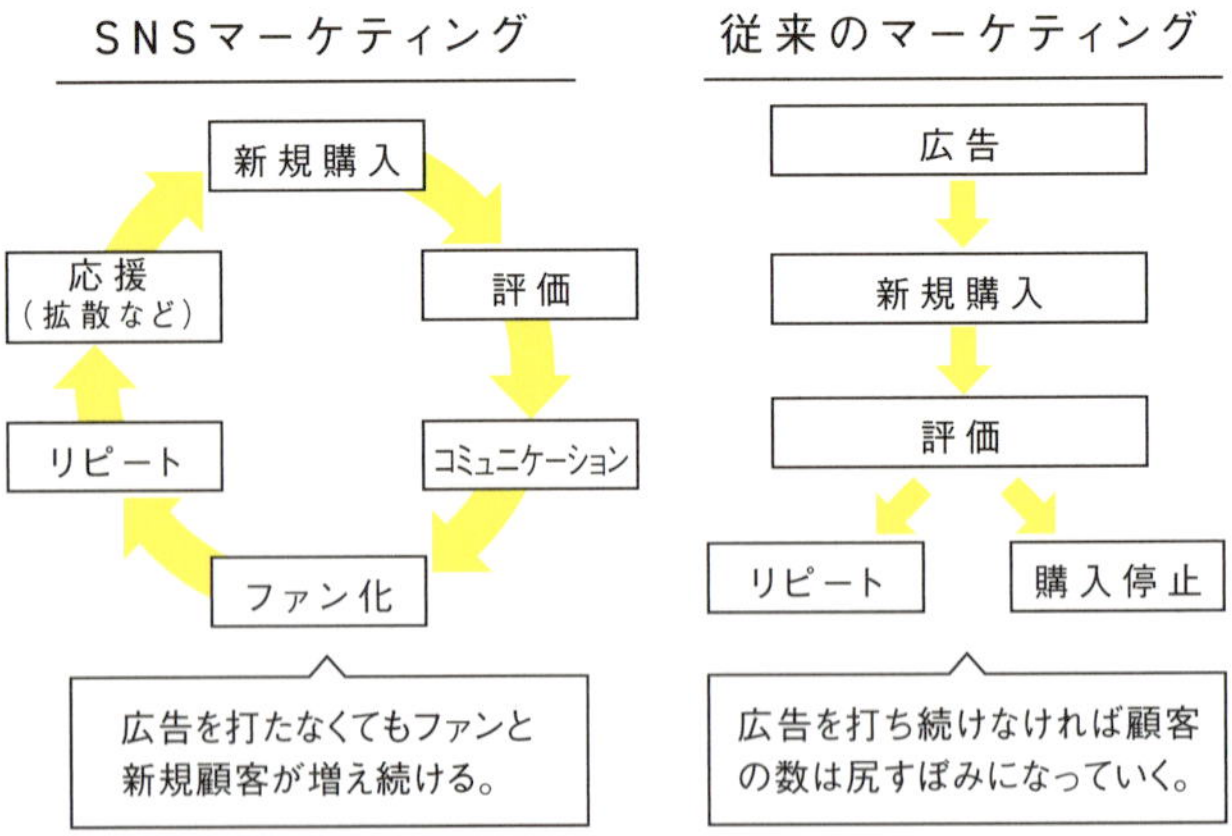

SNSをマーケティングツールとして活用する際には、かつての「広告を出し続けて、関係性の薄い新規顧客を連れてくるしくみ」ではなく、こうした「根強いファンが新たなファン候補を連れてくるしくみ」を作ることを意識する必要があります。

SNSが持つコミュニティとしての機能は、「顧客のファン化」に適しています。さらにSNSは従来の広告宣伝と異なり、口コミ効果（拡散力）も備えています。

SNS活用においては、「まずはファンを作って、ロイヤルカスタマーに育てる」ことがゴールと考えましょう。

とはいえ、ファン化のためには肝心の商品やサービスが〝いいもの〟であることが大前提です。そうでなければファン化が難しいことはもとより、コミュニティが大きければ大きいほど、ファンが裏切られたと感じたときの炎上のリスクが高まります。

POINT

新しい顧客の獲得のためにコストをかけるより優良顧客を大切に扱うことで売上は安定する

1-7 フォロワーの数は重要ではない

質が悪いフォロワーを集めても売上にはつながらない

特に企業のマネジメントクラスであまりＳＮＳに親しんでいない人たちの中には、ＳＮＳの効果や影響力はフォロワー数で計れると固く信じている人が多くいます。

確かにフォロワー数は一つの指標にはなりますが、決して万能な指標ではありません。

表面的な数にとらわれて、自分や商品・サービスなどに興味関心を持ってくれないフォロワーを集めたところで、売上にはつながらないので意味がないのです。

ＳＮＳ分析という観点から見ても、関心の薄いフォロワーばかりが集まってしまうとエンゲージメント率（ユーザーが「いいね」「クリック」「シェア」などの反応をした割合）などの数値が下がるので、プラットフォーム内でのアカウント全体の評価が上がらないことにもつながります。

コミュニケーションが質の高いフォロワーを育てる

フォロワーは、「数」より「質」が重要です。

質が高いフォロワーとは、毎回投稿に「いいね」やコメントをくれたり、SNS経由で商品情報を受け取って商品やサービスを購入し、それについて自らの意思で投稿をしたりしてUGC（User Generated Contentの略。感想やレビューなどの投稿のこと）を生み出してくれるフォロワーのことです。

それでは、こうした質の高いフォロワー（＝ファン、ロイヤルカスタマー）を作るにはどうすればいいのか？

その方法は一つしかありません。コミュニケーションです。

SNS上でのコミュニケーションとは、お互いの投稿にコメントをし合ったり、ストーリーズのスタンプに反応し合ったり、投稿されたUGCをシェアして取り上げたりすることです。

このようなコミュニケーションの数を重ねることで、質の高いフォロワーが増えていきます。

■接触頻度が高いと無意識のうちに好感を持つ

コミュニケーションとは、言い方を変えると「接触回数を多くする」ことでもあります。接触頻度が高いと、ユーザーの中でその企業やブランド、商品などに対する情報やいい印象が深くインプットされていきます。

すると自分やその周囲で特定の商品のニーズが顕在化したときに、一番に思い出してもらえる可能性が高まり、結果的に自身の購買行動や周囲への推奨につながっていきます。そして、それがまた新たなインプットとなってファン化がさらに促進されるという好循環が生まれます。なお、この「接触頻度が高いと無意識のうちに好感を持つようになる」という心理効果は「単純接触効果」や「ザイオンス効果」と呼ばれ、心理学の実験でも立証されています。

フォロワー数ばかりにとらわれて、したくない投稿やキャンペーンを行うくらいなら、いっそのことフォロワー数を減らしましょう。

あなたが運営するＳＮＳにとって意味のあるフォロワーが残ってくれるなら、一定数のフォロワーが減っても問題はありません。

Instagramの「発見タブ」のアルゴリズム

①投稿の情報	投稿への「いいね」「コメント」「シェア」「保存」を何人が、どれだけ早く実行したか。
↓	
②閲覧者のアクティビティ	過去に閲覧者が発見タブの中でどのような投稿（動画・画像など）に反応したか。
↓	
③投稿者との交流履歴	フォローをしていなくても、「いいね」や「コメント」などの交流をしていたか。
↓	
④投稿者の情報	直近数週間で、閲覧者以外のユーザーが投稿者のアカウントにどれだけ反応したか。

Instagramの配信面別アルゴリズム

Instagramは配信面によってアルゴリズムが異なります。
以下は「発見タブ」以外の配信面のアルゴリズムです
（それぞれ頭から重要度順。ただしストーリーズは並列）。

フィード	閲覧者のアクティビティ➡投稿の情報➡投稿者の情報➡交流履歴
ストーリーズ	閲覧履歴 エンゲージメント履歴 投稿者との関係の近さ（相互フォロー等）
リール	閲覧者のアクティビティ➡交流履歴➡投稿の情報➡投稿者の情報

たとえば、Ｉｎｓｔａｇｒａｍの場合はアルゴリズム（何を優先表示させるのかを決めるしくみ）的にも、フォロワーからの反応の数が多く、さらに反応の速度が速い投稿は「発見タブ（虫眼鏡のアイコンをタップしたときに表示されるおすすめの投稿）」で表示されやすくなります。

発見タブは、各ユーザーがフォローしていないアカウントのコンテンツが掲載されている場所なので、結果的に新規フォロワー獲得につながります。一方で、当然ながら自分の投稿にいち早く反応してくれるのはフォロワーなので、反応してくれないフォロワーを数多く抱えていると、結果的に新規フォロワーが増えづらくなります。

そのため、**自分の投稿に反応してくれるフォロワーだけが残るように意識してコンテンツを作成・発信し、フォロワーからの反応をしっかりと獲得していくことが重要**です。

POINT

コミュニケーションの回数を増やして
フォロワーの反応を獲得することが重要

1-8 長期的な関係構築のメリット

SNSは顧客ロイヤルティの高いユーザーを生む

ユーザーを「ファンにしていく」とは、もう少しビジネス的な表現をすると「顧客ロイヤルティを高める」ということです。

顧客ロイヤルティとは、顧客が特定のブランドや商品に対して持続的に好意を持ち、他の選択肢があるにもかかわらず、それを選び続ける状態を言います。当然、顧客ロイヤルティを高めることでビジネスは安定成長していきます。

顧客ロイヤルティを高めることには、さまざまなメリットがあります。

まず、定期的な収益が確保されるので、ビジネスの安定性が向上します。

また、顧客ロイヤルティが高いユーザーは、周囲に商品やサービスを推奨する可能性も高く、それが新規顧客の獲得につながります。

さらに、**顧客ロイヤルティが高いユーザーの推奨は熱量も高く伝わるため、顧客ロイヤルティの高い新規ユーザーがさらに増えることにつながります**。

ＬＴＶ（Life Time Value／顧客生涯価値……企業と顧客との間で、顧客が生涯にどのくらいの金額を使うかという指標）の観点でも、顧客ロイヤルティが高ければ当然ながらＬＴＶも高くなるため、そうしたユーザーが一定数いれば、広告やセールスといったコストのかかる新規集客に注力しなくても売上は安定していきます。

そして、このような**ファン＝顧客ロイヤルティの高いユーザーを増やし、生み出していくうえで、ＳＮＳは大きな力を発揮します**。

ファンを生み出すには時間がかかる

一方で、ファン＝顧客ロイヤルティの高い顧客は、短期間ですぐに増やすことはできません。今日何かしらの施策を行って、明日には何かしらの効果や結果が出ているといった、広告的な発想でファンを生み出すことはできないのです。

ＳＮＳを用いた施策は、即効性が低く時間がかかります。もちろん「バズる」など一時的に特定の情報が拡散するケースはありますが、そうしたことは基本的に狙ってできるものではありません。また、ユーザーの注目を集めるための派手な仕掛けは「炎上」のリスクをともないます。

時代の流れ的にも、現代のビジネスモデルの主流は、即効性の高い「売り切り型」から、時間のかかる「サブスクリプション（サブスク）型」に移行しつつあります。

サブスクリプションとは、月単位などで定期的に費用を支払うビジネスモデルのことです。たとえ少額であっても、定期的にユーザーに費用を支払ってもらわないといけないため、自ずと企業はユーザーと長期的な関係構築を図らなければなりません。

そのためには、広告のような短期的かつ一方的な発信ではなく、**SNSを用いた広告色の少ない発信で双方向のコミュニケーションを行い、長期的な関係構築＝ファン作りをしていく必要があります**。

POINT

SNSはファンを増やすには最適のツールだが
ユーザーのファン化には時間がかかる

第2章

フォロワーではなくファンを増やせ

あなたは、SNSの影響力を示す一番わかりやすい指標は何だと思いますか? そう聞かれた場合、多くの人は「フォロワー数」と答えるのではないでしょうか。

もちろん、フォロワー数が多いSNSは、影響力が強い「可能性」が高いです。しかし、実際のところは、「フォロワーの数が多ければ多いほど、コミュニティとして充実(成功)している」とは言い切れません。

それでは、企業のSNSアカウントの影響力は、何を指標として判断し、改善に取り組むべきなのか?

この章では、現代におけるSNSが担う役割と、企業のSNSアカウントにとってもっとも重要ともいえる「ファン」および「ファン化」について解説します。

2-1 SNSに対する向き合い方

■ユーザーの個人発信を可能にしたSNS

SNSとは「Social Networking Service（ソーシャル・ネットワーキング・サービス）」の略語で、個人や企業が情報を発信・共有・拡散することによって形成される、インターネットを通じた情報交換サービスの総称です。

ただし、SNSというのは日本での呼称で、海外ではSNSのことを「Social Media（ソーシャル・メディア）」と呼ぶことが多いです。

前章でも解説したとおり、SNSが従来型メディア（テレビ、新聞などのマスメディア）と大きく異なる点は、双方向型のコミュニケーションが可能であることです。

従来のメディアによる広告宣伝は、企業側からの一方通行の発信だったため、情報の受け手であるユーザーは、気軽に反応やコメントを送ることができませんでした。

もちろん、従来型メディアでも手紙や電話などで企業側に意見や感想、苦情などを伝えることはできましたが、SNSのように気軽にはできないため実際に行う人は限られており、企業が公表しない限り、そのやりとりを第三者が知ることもできませんでした。対して**SNSは、受け手側の個人が簡単かつ積極的に発信することを可能にしました。**

SNSとは、その「場」自体がUGC（ユーザーの個人発信）の集まりであり、ユーザーはその場を通して、発信者（企業などの送り手）に対して気軽にアクションを起こせるようになったのです。

広告的な発信ではユーザーを「ファン化」できない

そのため近年は、企業も広告などの一方通行の発信ではなく、SNSを通じたユーザーとの双方向のコミュニケーションを前提とした企画やコンテンツを設計する必要が出てきました。

たとえば、SNSには「コメント機能」はもちろん、ユーザーとやりとりできる「スタンプ」などの機能も実装されています。企業はこれらの活用を前提として、ユーザーとのコミュニケーションが求められる時代になっているのです。

ユーザーとのコミュニケーションを双方向型にしようとすると、自ずと広告色や宣伝色は薄れていくものです。なぜなら、広告のような一方的な発信だとユーザーからの反応を得ることができず、コミュニケーションが成り立たないからです。

しかし、多くの企業はいまだに「ＳＮＳも従来型メディアと同じようなもの」ととらえており、双方向型ではなく、従来どおりの広告的な発信をＳＮＳで行っています。

当然、それではＳＮＳの性質や利点を無視した運用となってしまい、せっかく自社の商品やＳＮＳに興味を持ってくれたユーザーがいたとしても共感や反応を得ることができません。

そうしたやり方では、**ユーザーのファン化が難しいどころか、フォロワーにすらなってもらえない**でしょう。

■企業にとってＳＮＳの運用は無視できない時代

現代は、ＳＮＳでの発信や表現が、その企業の第一印象になる時代です。そして、一度ユーザーに植え付けられた印象は、簡単に変えられるものではありません。

現在は、日本の全人口の80％以上が、ＬＩＮＥやＩｎｓｔａｇｒａｍ、Ｘ（旧

Twitter）、TikTok、YouTube、Facebookなど、何かしらのSNSを使用しています。

そうした状況下において、企業にとってSNSの運用は無視できないことはもとより、しっかりと専任担当者をつけ、状況や流行に応じた対応をすべき時代になっていることを自覚すべきです。

企業は双方向型のコンテンツを発信し、ユーザーとコミュニケーションを重ねることで、まずはフォロワーになってもらい、そこからファンに昇華させていき、最終的にはロイヤルカスタマーになってもらう。

これからの企業は、この「フォロワー化からロイヤルカスタマー化へ」という流れを明確に意識して、SNSを運用していかなければなりません。

POINT

現在は日本人の80％以上がSNSを使用
SNSでの発信が企業の第一印象になる

2-2 現代におけるSNSの役割

■SNSは「VIP席」のあるお店のようなもの

現在のSNSは、VIPラウンジやVIP席が設けられたお店のようなものと考えると、イメージしやすいかもしれません。

たとえば、お店側が来店頻度の高いVIPを特別扱いして、より特別な空間やよりよい席へとVIP会員を案内するイメージです。そうした特別な空間をVIPではない一般の通常会員にも見える場所に設置することで、通常会員は「自分もああいうふうになりたい」「ああいう扱いをしてもらいたい」などとうらやましく思い、そのお店によく通うようになることで、やがて上顧客（VIP）になっていきます。

SNSは、この上顧客化（ロイヤルカスタマー化）を、インターネット上で行える場所といえるでしょう。

まずは、このSNSの役割（活用上の定義）を意識しましょう。この意識を持つことで、「SNSは宣伝するための場所」という、これまで（今も）多くの方が抱いてきたSNS活用に対するイメージとはまったく異なる施策や戦略が見えてくるはずです。

SNS上でユーザーを特別扱いする

それでは、「SNSが果たす役割」について具体的に説明していきましょう。

たとえば、SNSでもお店と同じように、自分のコンテンツによく反応してくれるユーザー（このようなユーザーは、すでにリアルでつながっていたり、一度商品やサービスを購入していたりする顧客である可能性が高い）を特別扱いするのです。

特別扱いとは、たとえば、そのユーザーからのコメントやDMには必ず返信したり、そのユーザーが投稿する普段のコンテンツに反応してあげたりするのです。

「そんな簡単なことでいいの？」と思う人もいるかもしれませんが、これだけでユーザーの反応はかなり変わります。

そのコメントのやりとりや反応は、外から他のユーザーも見ることができます。それを他の一般ユーザー（まだ商品やサービスを買ったことのないユーザー）が見た場合、「自分も

SNSでユーザーを特別扱いする

よく反応してくれるユーザーとのコミュニケーションを密にすることで、コメントしてくれたユーザーのファン化がうながされ、それ以外のユーザーにも「私も参加したい」という感情が芽生える。

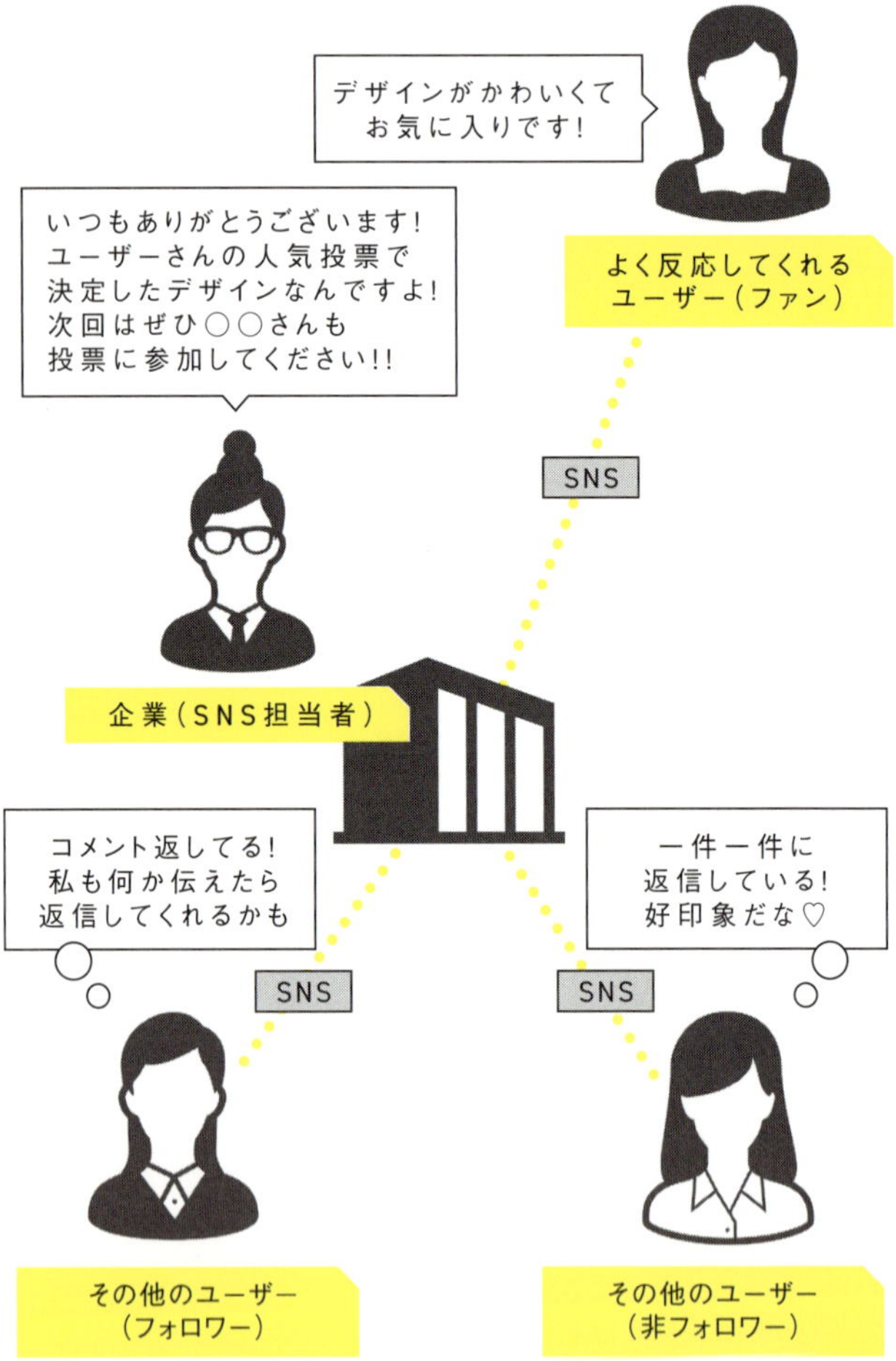

返信してもらいたい」「自分もこの企業の商品に関することを投稿して反応やシェアをもらいたい（そうすれば、その企業のフォロワーに拡散される可能性があるので、自分もフォロワーが増えるかも）」といった感情が芽生え、単なるフォロワーからファンになっていくのです。

なお、このとき**企業側は、SNSという公の場であえて「身内感」を出して、輪を広げていくイメージを持つことが重要**です。

身内感とは、たとえばコメントが2回目のユーザーがコメントしてくれたら、「前回に続きありがとうございます」と返信時に添えたり、そのユーザーが前回のコメントで「○○を買いました」とコメントしてくれていたのであれば、「その後○○はいかがでしょうか」などと使用感を確かめるコメントを添えたりすることです。なお、このとき、相手の個人情報に当たるような情報は出さないように注意してください。

SNSが本来持つ力を効果的に活用する方法

SNSという場には、多くの場合、同じ趣味や立場の人が集います。たとえば、カメラが趣味の人のアカウントは同じくカメラが趣味の人がフォローしていたり、経営者は経営者同士でフォローし合ったりしていることが多いです。

「類は友を呼ぶ」ということわざのとおり、そもそも人間は、自分と同じような趣味嗜好があったり、似たような生い立ちや経歴だったりする人に興味を持つ傾向があります。そして、多くの人はSNS上でも、自分と近しい人や、自分と同じ道で先を行っている人などをフォローしたり、SNS上で検索したりしています。そして「身内感」を抱いてくれるユーザーが増えれば増えるほど、さらにコミュニケーションの輪は広がっていきます

これは、SNSと違って閉ざされた空間である、ファンクラブなどの会員制コミュニティではできないことです。

このように、SNSで新規集客を図ることは可能です。ただし、そのためには**既存顧客が離れていかないように「身内感」を演出し、深い関係構築を行うことが前提であり、それをきっかけとして新規集客につなげるという流れを作り上げていく**必要があります。

POINT

ユーザーを特別扱いしてファン化をうながし
「身内感」を演出して輪を広げていく

2-3 「ファンの心理」を知る

従来型メディアにおけるファン心理

フォロワーを「ファン化」するためには、「ファンの心理」を知る必要があります。

ファン心理は極めて多様ですが、もっとも一般的なのは「自分が欲している世界観の先導者（あるいは、自身が理想とする「なりたい自分」にもっとも近い人）に対して憧れを持つ」という心理でしょう。

従来型メディアの代表格であるテレビや雑誌は、こうしたファン心理を煽る典型といえます。

テレビや雑誌が全盛期を迎えていた80～90年代には、有名人が自分の世界観をマスメディアの中で表現・発信し、それに対して多くの受け手が共感することで、一人の有名人のファッションが世の中の多くの人に真似されるといった現象も珍しくありませんでした。

しかし、メディアやコンテンツの選択肢が増え続け、それにともない個人の趣味嗜好も多様化した現代では、そうした現象は稀になりました。

■ＳＮＳ時代におけるファン心理

一方、**ＳＮＳがインフラ化した現在は、趣味嗜好が合う人の一助を担いたい（自分もその世界観を表す人たちの一部になりたい〈参加したい〉）という思いが、ファン化のきっかけとなることが多い**です。これはＳＮＳだけではなく、クラウドファンディングでお金が集まる要因の一つともいえるでしょう。

こうした参加型のコミュニティの場合、ファン側は自分と趣味嗜好が合う人を助けることで自分の存在感を示し、満足感を得ることができます。

また、相手（発信者や対象となるコミュニティ）が自分（ファン＝参加者の一人）の存在を認識していなかったとしても、自分の存在価値を相手やコミュニティから明確に否定されない限り、ファンは自分の中で納得し、その状態（応援や参加）を維持し続け、時には自分のまわりにも広めてくれるのです。

■「気づいたら好きになっている」状態を作り出す

現在は、圧倒的なカリスマ性などがない限り、一方的な発信のみでファンになってもらうことは難しい時代です。そのため、広告などの従来型メディアと同じやり方で発信しても、大きな効果は期待できません。

SNS時代においては、**ファンやファン候補のユーザーと双方向のやりとりを繰り返し行っていく中で、相手が「気づいたら好き（ファン）になっている」という状態を作り出すことが理想**です。情報収集の手段が多くなり、個人による発信が日常化し、さらに価値観が多様化した現在においては、**送り手が意識的にコミュニケーションを取り続けることでユーザーはファンになり、ファンでい続けてくれる**のです。

POINT

SNS時代のユーザーは「自分も参加したい」という気持ちからファンになる場合が多い

2-4 すべての人がインフルエンサー

■身近な人が発信した情報は強い影響力を持つ

ＳＮＳにおいて、「インフルエンサー」は極めて重要な存在です。

インフルエンサーと聞くと、「フォロワーが１００万人以上」といった、ＳＮＳ上で大きな影響力をもつ有名人（トップインフルエンサー）を想像する人が多いのではないでしょうか？

しかし、考えてみましょう。たとえば、友人たちとのＬＩＮＥグループの中で、「彼女とデートするのに最適なお店を教えて！」と発信し、それに対して友人たちからおすすめのお店のＩｎｓｔａｇｒａｍアカウントのＵＲＬが送られてきたとしたら、その後、どれだけ他のお店の広告やＩｎｓｔａｇｒａｍ投稿を見たとしても、友人たちから届いた情報よりも信頼できると感じることは少ないはずです。

たとえば、「会食で利用できるお店を探している」というニーズのある状態で、身近な人が発信した投稿を見たり、思い出したりした場合も同じです。一気にそのお店が第一候補になるのではないでしょうか。

つまり、**身近な人や信頼している人が発信した情報は、そうでない人が発信した情報よりも強い影響力を持つ**ということです。

SNSユーザーは全員が無自覚なインフルエンサー

確かに100万人のフォロワーを持つインフルエンサーには大きな影響力があります。フォロワーが多い＝ファンが多いからです。しかし、世の中のほとんどの人は、そういう意味での「インフルエンサー」ではありません。

一方で、基本的に**人はみな、家族や友人、仲のいい同僚など、自分が強く影響を与えられる関係性の人がいる**ものです。そして、世の中の大多数の人は、そうした身近な人たちの影響を強く受けてものごとを選択しています。

そうした「大多数の人」が持つ影響力を総合した場合、「100万人のフォロワーを持つインフルエンサー」など小さな存在ともいえます。また、多くの場合インフルエンサ

誰もが「無自覚なインフルエンサー」

フォロワー数の多いインフルエンサーが大きな影響力(拡散力)を持つのは確かだが、ほとんどの人はトップインフルエンサーよりも、自分にとって「身近な人」からの影響のほうを強く受ける。

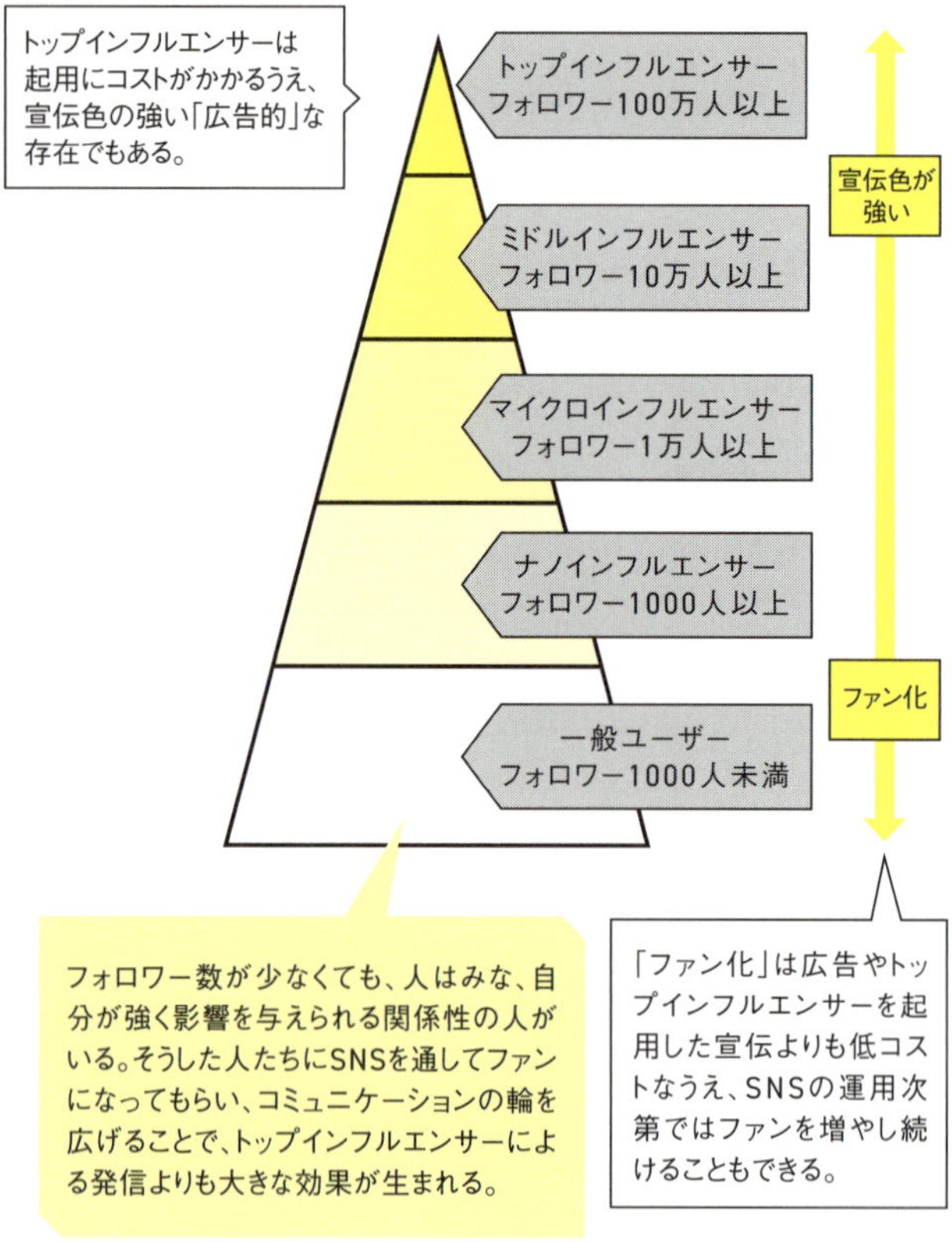

ーは憧れの存在であっても身近な存在ではなく、ほとんどのフォロワーとは住む場所や世界、状況などが違うため、その影響力は限定されます。

そう考えた場合、一人ひとりで見たらその影響力は限られているように見えたとしても、世の中のすべての人は「インフルエンサー」であるといえるでしょう。

自分ではインフルエンサーであるつもりはなくても、ＳＮＳのユーザー全員が、ＳＮＳというコミュニティを経由して大なり小なり人に影響を与えています。

つまり、**ユーザー全員が「無自覚なインフルエンサー」**なのです。

そして、そうした無自覚なインフルエンサーたちとのコミュニケーションを丁寧に、繰り返し深めていくことで、「１００万人のフォロワーを持つインフルエンサー」よりも大きな影響力を持つコミュニティができあがるのです。

POINT

人は誰しも影響を与える存在であり
ＳＮＳユーザーは全員がインフルエンサー

2-5 消費者は発信するもの

人は自分が得た情報を発信したいと思っている

前ページで解説した「無自覚なインフルエンサー」は、その全員が消費者でもあります。そして、**フォロワーや友人、知人の数にかかわらず、消費者は日々、さまざまなコミュニティに対して発信**をしています。

ここでいう「コミュニティへの発信」は、ＩｎｓｔａｇｒａｍやＸといったＳＮＳ上の発信に限りません。前述のＬＩＮＥグループやチャットでのやりとりや、家族や友人、会社の同僚などとの毎日の会話、会議やプレゼンテーションの際の発言ややりとりなども含みます。

そして、「無自覚なインフルエンサー」の多くは、自分の経験から得られた情報をインターネットやリアルの場で発信したいと思っているのです。

「発信する消費者」の「本音感」ある発信を作り出す

　SNSマーケティングに携わる人たちは、次の4つのことを理解し、常に意識する必要があります。

　それは、「どんな消費者でも発信している」「身近な人の発信は、そうでない人の発信よりも影響力を持つ」「フォロワー数に関係なく、どんなユーザーでも強い影響を与えられる相手が一定数いる」「どんな消費者でも発信したがっている」ということです。

　SNSがその影響力を拡大し続けている現在、企業は「すべての消費者は発信者である」ということ、そして「発信者は自分が購入・経験した商品やサービスについて発信したいと思っている」ことを認識するべきです。

　私は、この「ファンでありインフルエンサーでもある消費者」を、「発信する消費者」と呼んでいます。

　そして「発信する消費者」は、SNSで自身が発信することによって生まれるコミュニケーションを求めています。

　このコミュニケーションの対象には、価値観の近い友人や知人、フォロワーはもちろ

SNS担当者が意識しておくべき4つのこと

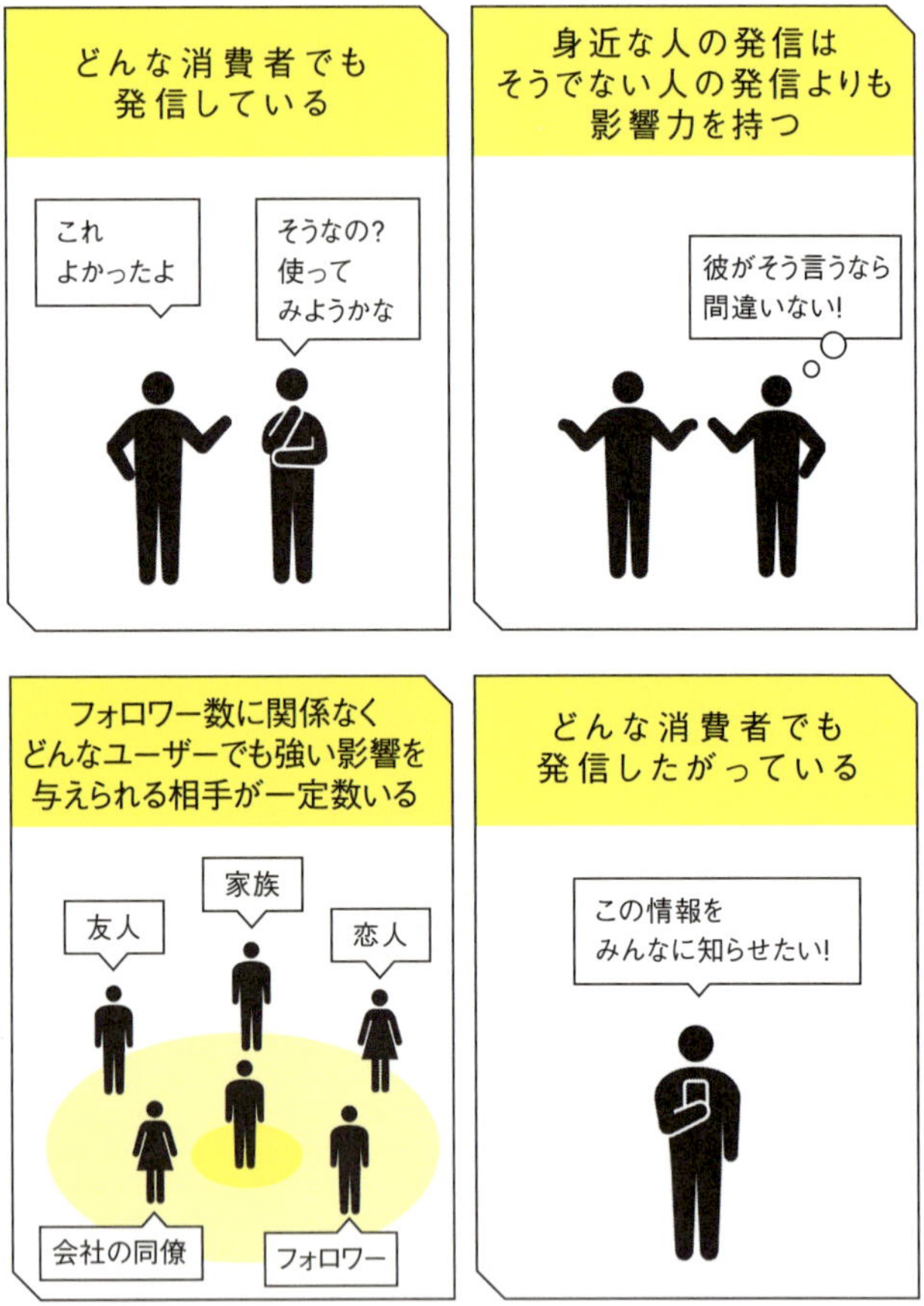

んのこと、その商品やサービスの提供元である企業も含まれます。

企業のSNS運営においてもっとも重要なことは、この**「発信する消費者」に、いかに自発的に発信してもらうか**、ということです。それも、プレゼントやキャンペーンによって「発信させる」のではなく、「自らの意思で発信」してもらえるかどうかが、SNS上でのファン獲得や売上拡大などの目標達成に大きく関わってきます。

そのためには、テレビの通販番組における司会者とアシスタントの会話のような「嘘っぽい情報」ではなく、消費者自身がその商品やサービスが好きでたまらないという感情が乗った、「本音感」のある発信をしてもらう必要があります。

この、**「発信する消費者」の「本音感」をどのように作り出していくかが、効果的なSNSコミュニティを作るうえで重要なカギになる**のです。

POINT

「発信する消費者」に、いかに自発的に
「本音感」のある発信をしてもらえるかが重要

2-6 ファンが生み出すUGCの重要性

UGCをきっかけにコミュニケーションを生み出す

企業が運営するSNSアカウントにおいて、もっとも重要なコミュニケーションとなるのがUGCです。

UGCは「User Generated Content（ユーザー生成コンテンツ）」の略称で、企業側ではなく、消費者であるSNSユーザーによって制作・発信されるコンテンツの総称です。身近なUGCの例としては、SNSへの投稿やECサイトの商品レビューなどがあげられます。

そうした消費者が発信したUGCを、企業の担当者がSNS上でコンテンツとして取り上げることで、それをきっかけにコメント欄での会話や、スタンプやライブ配信でのやりとりといったコミュニケーションが生まれます。

これこそが企業が運営するＳＮＳの役割であり、**このようにコンテンツをきっかけにコミュニケーションが生まれていく状態こそが、本来の企業ＳＮＳのあり方**なのです。

「人として共感できるブランド」が支持される時代

ＳＮＳ上においては、「憧れ」だけを押しつけるような完璧な〝ブランドらしいブランド〟が支持されることは、あまりありません。

今は、ロジカルに計算され作り込まれたブランドではなく、**ユーザー自身が自分たちの力を加えられるような、余白があって少し人間臭い、「人として共感できるブランド」が支持される時代**になりました。

ユーザーにとっての「余白」とは、たとえば「自分たちがこのアンケートスタンプに回答することで、その結果が商品開発に活かされる」といった、送り手とユーザーとのコミュニケーションを前提にしたコンテンツのことです。

また、企業（ブランド）側は意識的に「発信する消費者」がＵＧＣを発信したくなるような、「余白」があるブランド設計をする必要があります。完璧さを強調したり押しつけたりするのではなく、**あえて「ユーザーが参加する余地」を残しておく**のです。

UGCを活用する

UGCとは?

企業側が自社で発信した投稿ではなく、
ユーザー自身がその商品やサービスについて発信している投稿。

森永聖子
思っていたより
軽くて便利です!
明治星華
小さいのにパワーがあって
頼もしい相棒です!
koikeyatips
これはいい!
友人にもすすめます!!
軽部rico
この商品を待っていた!
って感じです♡

UGCの集め方の一例

フォトコンテスト

社名や商品名を入れたオリジナルのハッシュタグを設け、期間中にそのハッシュタグで投稿を募ることで、応募者に確実に認知してもらえるようになる。

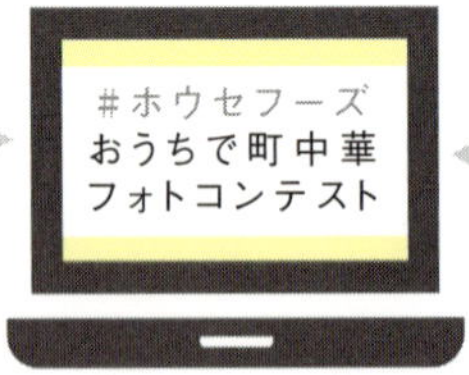
#ホウセフーズ
おうちで町中華
フォトコンテスト

ユーザーがフォトコンテストに参加すること自体が、キャンペーンへの応募→投稿→拡散へとつながっていく。

コンテストで当選したユーザーは「当選しました!」と再度SNSに投稿してくれる場合が多いので、拡散のチャンスが生まれる。

フォトコンテストなどで集まったUGCを、その企業のアカウントの投稿クリエイティブとして活用すると、自社で撮影を行う必要がないためコスト削減になる。

企業と消費者の共創でブランドイメージを作り上げる

たとえば企業が運営するInstagramでは、「発信する消費者」たちが投稿するコンテンツ（UGC）の集まりによって、その「余白」が埋められ、そのブランドのイメージが形成されていきます。しかも企業側が作り込んだコンテンツと「発信する消費者」が投稿するコンテンツの間に違いはなく、どちらも同じ専有面積で表示されるInstagram内の一つのコンテンツに過ぎません。

SNS上で「共感される」ブランドイメージを作るためには、「発信する消費者」の力をいかに借りるかが重要です。送り手の一方的な押しつけではなく、企業と「発信する消費者」が共創して、ブランドイメージを作り上げていくのです。

POINT

ユーザーがコメントしたくなる「余白」を残しコミュニケーションを生み出すことが重要

2-7 現代の消費者の購買行動モデル「1I4A」

■SNSにおける消費者の行動モデル

SNS上での消費者の購入に至る行動は、多くの場合、次のような流れをたどります。以下は私が考案し、「1I4A《ワンアイフォーエー》」と名づけたフレームワークで、「発信する消費者」によって生まれる行動モデルを表したものです。

①Influence（影響）

まず、SNSユーザーである消費者は、基本的には広告ではなく、自分が信頼する「発信する消費者＝インフルエンサー」の投稿に触れます。

②Aware（認知）

次に、消費者はインフルエンサーの投稿を通じてブランドに対する興味関心を抱きます。このとき、消費者が触れる投稿は、企業発信の広告やトップインフルエンサーによるCM色の強いPR投稿ではなく、自分が信頼する人が発信した情報であるため、自ら積極的に「知りたい」という気持ちを抱き、投稿内容をしっかりと読み込んでブランド（商品・サービス）を認知します。そして興味を持った消費者は、別の「発信する消費者」からの同じブランド（商品・サービス）に関する情報にも複数回触れることで、さらに興味を深めていきます。

③Agree（納得）

消費者は繰り返し情報に触れる中で、「自分に合うブランドかどうか」や「時間やお金をかけるに値するものかどうか」などをじっくりと検討し、自分を納得させます。

④Action（購入）

納得した消費者は、実際にECサイトを訪問したり、リアル店舗を訪れたりして、そのブランドの商品やサービスを購入します。

⑤Advocate（推奨）

消費者は商品の購入によって得られた体験を、SNSの投稿やリアルの口コミで他の人たちと共有し、推奨します。そして、この「推奨＝発信する消費者による投稿」によって、別のユーザーにとっての「①Influence」が始まります。

SNSにおける消費者の行動モデル「1I4A」

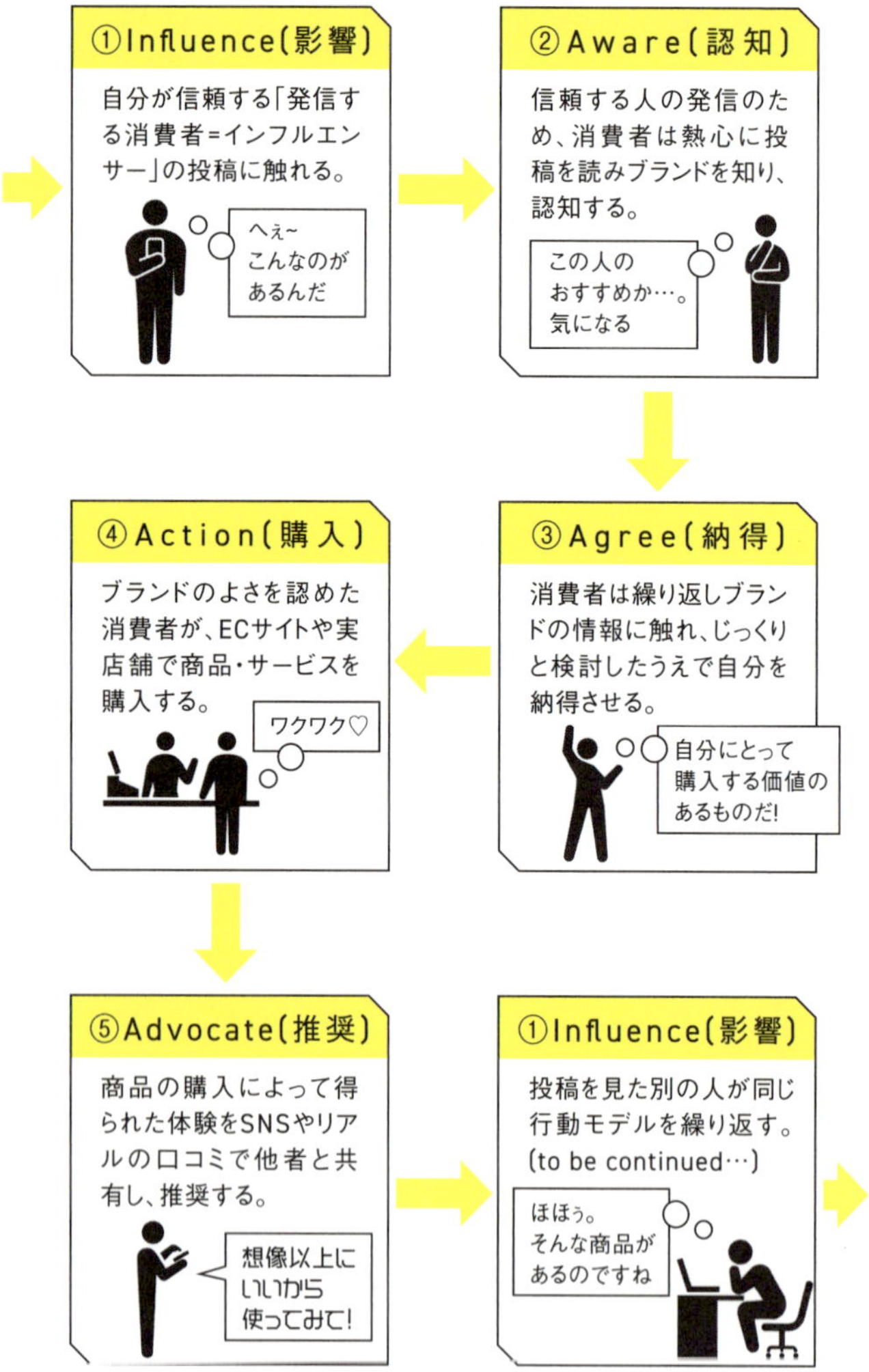
①Influence（影響）
自分が信頼する「発信する消費者＝インフルエンサー」の投稿に触れる。
へぇ~ こんなのがあるんだ
②Aware（認知）
信頼する人の発信のため、消費者は熱心に投稿を読みブランドを知り、認知する。

この人のおすすめか…。気になる
③Agree（納得）
消費者は繰り返しブランドの情報に触れ、じっくりと検討したうえで自分を納得させる。

自分にとって購入する価値のあるものだ!
④Action（購入）
ブランドのよさを認めた消費者が、ECサイトや実店舗で商品・サービスを購入する。

ワクワク♡
⑤Advocate（推奨）
商品の購入によって得られた体験をSNSやリアルの口コミで他者と共有し、推奨する。

想像以上にいいから使ってみて!
①Influence（影響）
投稿を見た別の人が同じ行動モデルを繰り返す。(to be continued…)

ほほぅ。そんな商品があるのですね

誰もが人の消費行動に影響を与える時代

この「1I4A」の流れによって、SNSは広告よりもはるかに有効かつ継続的に効果を発揮します。しかも、広告よりも格段に低いコストで実現可能です（ただし、そのブランド〈商品・サービス〉が実際によいもの〈あるいは多くの消費者のニーズに応えるもの〉であることが前提です）。

SNSの普及によって、有名人やトップインフルエンサーでなくても、誰もが「無自覚なインフルエンサー」となり、人の消費行動に影響を与える時代になりました。これは、新たなチャンスでもあります。SNSユーザーの消費者心理は、この「1I4A」の流れで動いていることを理解したうえで、SNS運用を行いましょう。

POINT

誰もが人の消費行動に影響を与える時代におけるSNS活用は新たなチャンス

2-8 ファンにする人を決める

SNSマーケティングに不可欠な「ペルソナ設定」

SNSマーケティングの最終目標は、単にフォロワーを増やすだけでなく、ブランドに深く共感し、継続的に支持してくれる「ファン＝ロイヤルカスタマー」を一人でも多く育てることです。

そのためには、**ターゲット層を正確に理解し、効果的なアプローチを行うための「ペルソナ設定」が不可欠**です。

「ペルソナ」とは、主にマーケティングを行う際に自社の商品やサービスの典型的なユーザーを体現する仮想的な人物像のことです。これを事前に決めておかないと、誰に発信したらいいのかがわからず、SNSの運用にブレが生じてしまいます。

特に企業によるSNS運用は複数人のチームでアカウント運用を行うことが多いた

め、ペルソナを設定しておかないと人によって文章表現などに齟齬が生じてしまい、ユーザーが親近感を抱きづらくなります。

なお、**チームでSNSを運用する場合には、投稿文の作成ルールなどの社内ガイドラインを作る**ことをおすすめします。

社内ガイドラインは、最初から完璧なものを作成する必要はありません。「こんな場合はどうする？」と悩んだら、その都度決めて更新していきましょう。

「ペルソナ」は時代や状況に応じて進化する

ペルソナを設定する際には、年齢、性別、職業、居住地、収入などのデモグラフィック情報の他、ライフスタイル、価値観、興味関心などのサイコグラフィック情報、使用するSNSプラットフォーム、アクティブな時間帯、エンゲージメントの傾向などの行動データ、ブランドやコンテンツに求めるものから解決したい課題といったニーズまで、なるべく詳細に設定しておくとよいでしょう。

ペルソナの設定が完了したら、それをもとにパーソナライズされたコンテンツを作成し、ペルソナが求めているものに応える形で投稿を行います。

設定する「ペルソナ」の例

名前 髙橋凜里子

属性 女性、31歳、独身

居住地 埼玉県さいたま市浦和区在住（福島県出身）。30平米の1DKで一人暮らし（愛猫のマルと同居）。

学歴 日本大学文理学部卒

職業 中堅外食チェーンのマーケティング職

勤務先 株式会社Dフーズ（東京都北区の十条に本社があり、全国に120店舗を展開）

職歴 従業員10名程度の小規模広告代理店勤務を経て現職、入社6年目（所属部署の人員は4名、後輩の女性社員1名の指導を行う）

年収 400万円

通勤時間 片道40分

性格 慎重、忍耐強い、節約家

趣味 映画鑑賞、低山めぐり

最近関心があること ヨガ、仏教

生活状況 起床時間は7時、就寝時間は24時。普段の朝夕は自炊が多いが、金曜日の夜は高級スーパーで購入したお惣菜でワインを飲むのが楽しみ。

利用デバイスのブランド すべてApple製品。熱心なAppleファンというわけではないが、最初に自分で買ったスマホがAppleだったため、自然と他のデバイスもAppleを購入するようになった。

SNSの利用状況 発信はInstagramのストーリーズで週に1～2回程度。フォローしているのは学生時代の友人が多く、その他はファッションに共感する芸能人（主に女性タレント）数名。その他のSNSは見る専門で投稿はほぼしていない。

最近の悩み 朝の通勤ラッシュが苦手（リモートワークがなくなった）。

自社の商品を使う環境 毎晩の風呂上がりと朝の洗顔後。

ユーザーインサイト（※） 肌が乾燥に弱くいろいろな化粧水を試したが、自分の肌に合うコスパのいい化粧水がなかなか見つからない。

※ユーザーインサイト…ユーザー（ペルソナ）が行動を起こす背景にある潜在的な本音や悩み、ニーズなどのこと。

商材や会社としてのターゲットが変わらない限り、ペルソナ設定が大きく変化することはありません。しかし、**ペルソナは固定的なものではなく、時代や状況に応じて進化する**ものです。

そのため、私が代表を務める株式会社ROCで提供している「Reposta（レポスタ）」のようなSNS分析ツールを使って**定期的にフォロワーを分析し、フォロワー層やコンテンツに反応しているユーザーの傾向にどのような変化があるのかをチェックしながら、柔軟にペルソナ設定を更新していく**とよいでしょう。

なお、「一つのアカウントにつき、一つのペルソナ」が原則です。一つのアカウントに複数のペルソナを持たせてしまうと、運用の方針や投稿の表現方法がブレてしまい、誰に向けているのかわからないアカウントになってしまうので注意しましょう。

POINT

効果的なSNSマーケティングを行うには詳細かつ具体的な「ペルソナ設定」が必要

2-9
目標設定の方法と具体例

目標設定には「KGI」と「KPI」を用いる

先ほども解説したとおり、SNSマーケティングの最終的な目標は、単なるフォロワーを「熱狂的なファン＝ロイヤルカスタマー」に育てることであり、それを実現することが、ビジネスの成長に直接的に結びつきます。

しかし、単純に「熱狂的なファンを作る！」と意気込むだけでは、何をどこまでやればいいのかわからず、施策もブレてしまいます。

そこで重要になるのが、具体的な目標設定です。

SNS運用における目標設定では、**最終目標であるKGI**（Key Goal Indicator/重要目標達成指標）と、**中間目標であるKPI**（Key Performance Indicator/重要業績評価指標）を用いるとよいでしょう。

■最終目標と中間目標を設定する

KGIとは、「何をもって成果とみなすか」という最終的な目標のことで、中長期的な視点でのゴールを示すものです。SNSマーケティングにおいて、ビジネスの成果に直接結びつく指標となるのがKGIです。

具体的には、「SNS経由の顧客のLTV（44ページ参照）を、1年間で20％向上させる」などと設定します。

一方、**KPIは、KGIを達成するための「中間目標」を測定する指標**で、日々の取り組みや活動の進捗を評価するために用います。KPIを決めるときは、KGIよりも短期的かつ具体的に設定します。

具体的には、「UGC投稿を月50件生成する」などと設定します。達成期限は3カ月程度を目途にしましょう。

■KPIは3段階に分けて設定する

なお、**KPIは3段階に分けて設定する**ことをおすすめします。

KGIとKPIを設定する

KGIの具体例

LTV(顧客生涯価値)を1年間で20%向上させる。

KGIは、アカウントの運用をとおして対象となるペルソナに対して「どのような行動をうながしたいのか」「自分の会社やブランド、商品・サービスなどに対してどのようなイメージを持ってもらいたいのか」という目標を反映したものにする。

KPIの具体例

第1段階 エンゲージメント率を月平均で5%以上にする。

過去半年の平均を取り、その1.2〜1.5倍程度の数値を目標にする。

※エンゲージメント率(%)=エンゲージメント数(いいね、コメント、シェア、保存、プロフィールアクセスなどを含むその投稿の反応数)÷リーチ数(投稿を見たユーザーの数)

第2段階 UGC投稿を月50件生成する。

UGCの数を自然に増やすのは難しいため、フォトコンテストなどのキャンペーンやリアル店舗でのキャンペーン施策などで増やすのが一般的。

第3段階 ショッピングタグ(ECサイトに誘導する商品ボタン)のクリック率を1%以上にする。

SNS内での実際の「売上」に直結する数値を設定する。第1段階同様、過去半年の平均を取り、その1.2〜1.5倍程度を目標とする。

たとえば、第1段階のKPIは難易度を低めにし、先述のとおり3カ月程度を目途に達成できそうな数値目標を設定します。そして第1段階が達成できたら、もう少し難易度を上げた第2段階を設定し、同じく3カ月程度で達成できたら、最終の第3段階として、実際の「売上」にもっとも近い数値目標を設定するのです。

こうして第1段階から第3段階まで設定したKPIを達成していくことで、最終目標であるKGIの実現へと近づいていきます。逆に言うと、最終目標であるKGIの達成へと近づくように行う施策をKPIとして考えることが重要なのです。

まずは運用し、指標となる数値を更新していく

ちなみに、業種や業態、扱っている商材、ペルソナ、そして設定したKGIやKPIによって、目指すべき具体的な数値は変わってきます。そのため、ここで「何%以上を目指すべき」といった具体的な数値を提示することはできません。

そこで、まずは1〜3カ月を目途に実際に運用してみて、そのうえで数値を取得し、以降はその数値をもとに1・2〜1・5倍を目標値に設定して運用を続けましょう。

そして、最初に設定した目標値を3カ月連続で超えることができたら、その時点まで

の平均のさらに1・2〜1・5倍を目指すなど、指標となる数値を順次更新していくことで、継続的な成長が可能になります。

KGIもKPIも、「ペルソナ」と同様に固定的なものではなく、SNSのアルゴリズムや市場、ユーザーの行動などの変化に応じて、適宜、見直しが必要です。そのため、定期的な分析を行い、目標も状況や時代に合わせて進化させていく必要があります。

なお、「フォロワー数」をKPIに設定することはおすすめしません。第1章でもお伝えしたとおり、現在のSNS運用においてそもそもフォロワー数は重要ではないからです。

ここでお伝えしたようなKPIを設定し、日々運用を続けていくことによって、フォロワー数も自ずと増えていきます。

POINT

KGI（最終目標）とKPI（中間目標）を設定して段階的に「熱狂的なファン」を作る

2-10 ファンに熱狂してもらう

SNSが持つ本当の力

この章の最初に、SNS運用の最終目標は「企業はSNSを通じてユーザーとコミュニケーションを重ねることで、まずはフォロワーになってもらい、そこからファンに昇華させていき、最終的にはロイヤルカスタマーになってもらう」こと、と書きました。

しかし、実のところ私は、SNSにはそれ以上の力があると考えています。

かつて「広告宣伝」が主流だった時代にも、企業やブランド、特定の商品などを支持するファンやロイヤルカスタマーはいました。しかし、それは企業が育てるものではなく、流行やブーム、あるいは個人の好みやこだわりといった範疇でしかありませんでした。なぜなら、そこには企業やマスコミなどの発信側が仕掛けた戦略はあっても、ファンとの双方向型のコミュニケーションはなく、ブランドや商品・サービスに関連した体験をファン同士で「共有」することも、インターネットがない（あるいは未熟だった）時代には限られた場や範囲でしかできなかったからです。

一方、今はSNSという、企業がユーザーとコミュニケーションを取り、ファン同士もつながることができる「場」があります。

ファンが集うコミュニティを育てる

SNSの大きな特徴と利点は、先述のとおり「双方向型のコミュニケーションが可能」であることと、「個人が不特定多数の人に発信することで、交流や共感の輪を広げられる」ことにあります。

「個人が不特定多数の人に発信する」と聞いて、「バズればいいってこと？」と思った人もいるかもしれませんが、それは違います。もっとゆるやかに、時間をかけて共感の輪をじわじわと広げていく、といったイメージです。

多くの人は、自分の体験を人に話したい、知ってもらいたいと思っています。そして、その発信に魅力があれば、発信者と同じような価値観や趣味嗜好を持つ人たちが共感して、その体験をSNS上でさらに広めてくれます。

そうしたつながりが広がることで、やがてコミュニティに「身内感」が生まれ、SNSという場が、その仲間たちにとって「共感し合い、絆を強める場」になっていきます。

このような場を企業・ブランドが提供し、発信や交流、時には仲介などをすることで、ファンが集うコミュニティが育っていきます。

ブランドの進化がコミュニティを活性化する

とはいえ、企業・ブランド側は、ただただブランドや商品に対する「好意的な声」や「支持する投稿」、「それに反応する人々」などを待っていればいいというわけではありません。

ユーザーやファンに納得してもらえる商品・サービスの提供はもとより、企業・ブランドが大切にしている「価値観」や「理念」を、投稿コンテンツなどを通して前面に出し、共感してもらうことも大切です。また、時には問いかけたり問題提起したりして、ファンの投稿（UGC）を活発化することも必要でしょう。

こうして**ファンが、自分が好きなブランドに関する「体験」や「共感」を投げかけ合う場を育てることで、企業が一方的に宣伝するよりもリアルで説得力のあるプロモーシ**

「熱狂SNSマーケティング」のステップ

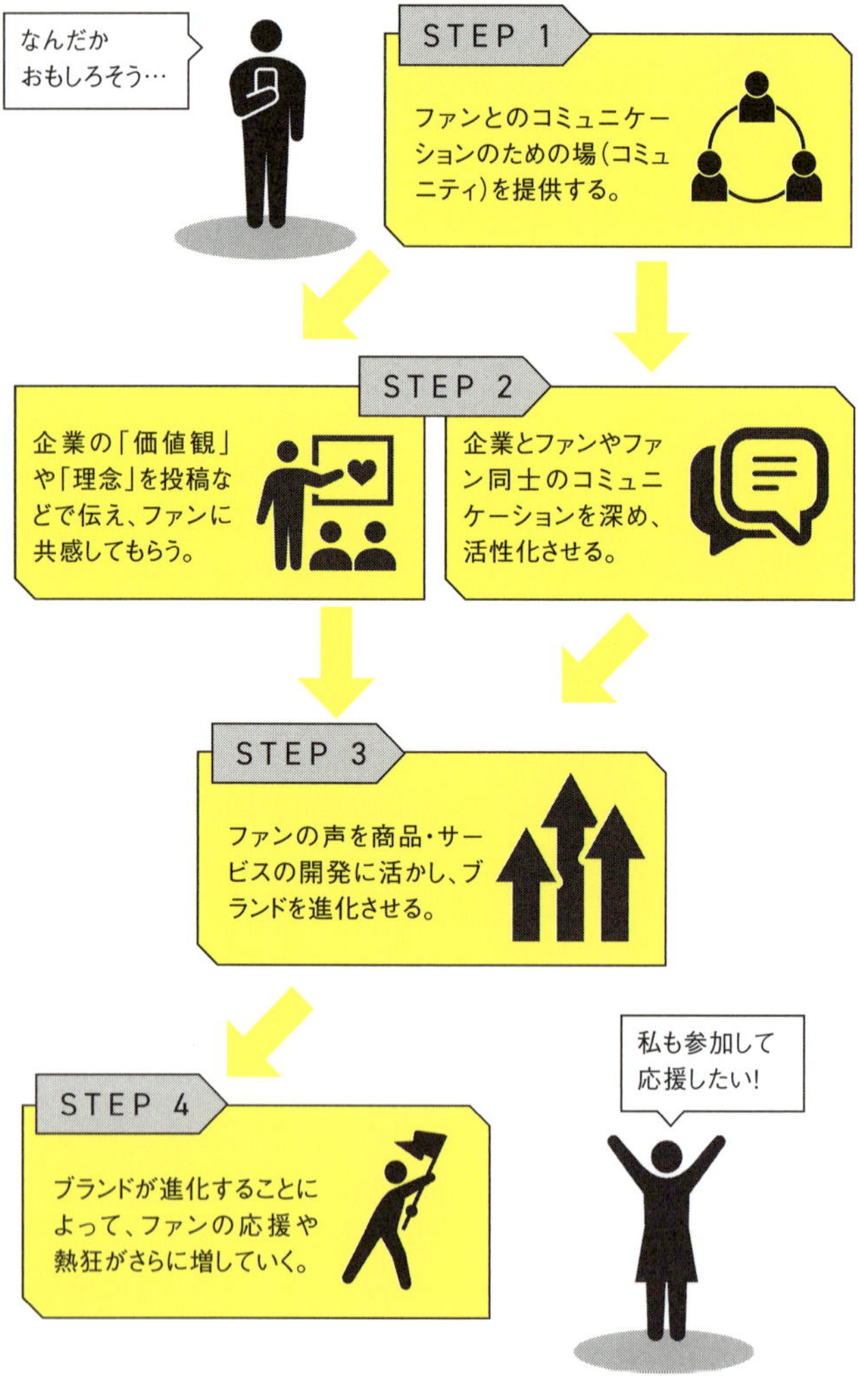
なんだか
おもしろそう…
STEP 1
ファンとのコミュニケーションのための場(コミュニティ)を提供する。
STEP 2
企業の「価値観」や「理念」を投稿などで伝え、ファンに共感してもらう。
企業とファンやファン同士のコミュニケーションを深め、活性化させる。
STEP 3
ファンの声を商品・サービスの開発に活かし、ブランドを進化させる。
STEP 4
ブランドが進化することによって、ファンの応援や熱狂がさらに増していく。
私も参加して
応援したい!

ヨンが完成し、熱狂的なファンが生まれる環境が整います。

ただし、この熱狂を継続させるためには、ブランドは変化し続けなくてはなりません。

いつまでも変わらない商品やサービスでは、やがて飽きられてしまうからです。

変化といっても、企業・ブランドの価値観や理念を変えるべきというわけではありません。むしろ、それらは一貫性を持たせるべきです。

そうではなく、ファンとの交流の中でその声（意見や要望）を積極的に聞き、商品・サービスに反映してファンが本当に求めているものを提供し、時にはファンの潜在的ニーズを突き止めて、要望を超えるものを生み出すのです。

SNSを通じて、この「コミュニティの成長」と「ブランドの進化」のサイクルを回し続けることで、「熱狂SNSマーケティング」は完成します。

POINT

熱狂SNSマーケティングの秘訣は
コミュニティの成長とブランドの進化

2-11 どのSNSを運用するべきか

運用するべきSNSの選び方

自社のSNSアカウントを作るにあたり、「どのSNSを運用すればいいの?」と迷う人もいるでしょう。

SNSのプラットフォームはいくつもあるので、今から本格的に始めようと考えている企業の運用担当の方などは、「時間も予算も限られている中で、すべてを同時に運用するなんて無理」などと頭を抱えている人もいるかもしれません。しかし、実際のところ**「すべてのSNSを同時に運用する」必要はありません**。

そこで、まずはもっとも自社のブランドや商品・サービスに合ったSNSを選ぶために優先順位をつけましょう。

自社の商品・サービスの内容や、「何を伝えたいのか」「どのようなコミュニケーションを取りたいのか」などにもよりますが、企業のＳＮＳアカウントの場合は、おおむね以下の優先順位になることが多いでしょう。

①Instagram

Ｉｎｓｔａｇｒａｍへの投稿には画像が必要なため、無形商材は難しいと思われがちです。しかし、近年は５Ｇの普及によりリールやストーリーズなどの動画機能が発達したことで、写真に収めづらい無形商材を扱う業種の人にとっても、使いやすいプラットフォームになりました。表現の幅が広い動画であれば、音声解説によってブランドや商品・サービスについて表現することも可能です。

ＳＮＳには、それぞれに得意分野があります。たとえば、ＴｉｋＴｏｋはショート動画コンテンツを見るため、Ｆａｃｅｂｏｏｋは仕事のつながりを作るため、Ｘ（旧Ｔｗｉｔｔｅｒ）は趣味のつながりを作るためなど、それぞれに適した使い方があります。

一方で、Ｉｎｓｔａｇｒａｍの場合はプライベート・仕事を問わずに画像や動画で自分の生活や表現したいことを気軽に公開でき、リアルでつながりがある人ともオンラインだけのつながりの人ともコミュニケートできるという、多様でバランスのとれたプラットフォームになっています。そのため、**若い人を中心にInstagramをメインSNSとして活用しているユーザーは多い**です。

また、Instagramのストーリーズは写真や動画をフルスクリーンで投稿できるため見る人は没入感を得やすく、親近感を与える効果もあるため、「ファン化」に適したプラットフォームといえるでしょう。

②LINE

日本では圧倒的にユーザー数が多いプラットフォームのため、**「日本でビジネスをしていて、ターゲットも日本人」という場合は、どのような業種であってもLINEは活用するべき**でしょう。

ただし、LINEはもともとつながりのある人とのコミュニケーションがメインであり、不特定多数の人とのつながりを生むことを主目的としたSNSではないため、「ゼロイチ」の関係構築には向いていません。

たとえば、いきなりLINEのトーク画面にファンでもないブランドのアイコンがついた通知が来たら、ほとんどの人は「何これ⁉」「どこで私の情報を知ったの？」などと不審に思ったり、不快に感じたりするはずです。

一方で、過去に商品・サービスなどを購入してくれていたり、フロントエンド商品（本当に買ってもらいたい商品を購入してもらうために提供される「集客商品」のこと）で接点を持ったりしたことのあるユーザーであれば、LINE登録をしてもらってつながりを作っておくことで、プッシュ通知（アプリからの情報をスマホなどの端末に表示する機能）でメッセージ配信ができるため、次のステップ（もっと高い商品の購入や定期購入など）につなげやすくなります。

このようにLINE登録をしてもらうことで接触回数が高まり、リピートの可能性も高まるため、ファン化につながりやすいというメリットがあります。

③X（旧Twitter）

Xは、SNSの中でも特に拡散性が高いことから、企業によるフォロワー獲得や認知度アップを目的としたフォロー&リポストのキャンペーンは定番です。

また、その拡散性の高さからニュースや災害情報といったタイムリーな情報を取得することに向いているため、航空業界や交通業界といった天候による予定変更など即時性が求められる情報配信が必要な業界の場合、Xの運用はマストです。

また、サブスク系の商品がある企業も、ユーザー離れを防ぐためにXを運用したほうがいいでしょう。

Xは「ユーザーの本音が投稿されやすい」という特徴があります。

そのため、Xでは実際のユーザーのリアルな評価や要望などの声を拾いやすく、カスタマーサクセス（商品・サービスを通じて顧客の成功を支援する姿勢や活動）軸で企業・ブランドの名義で運用することでその声を拾い集めて商品改善に活かしたり、クレーム一歩手前といった投稿に対して企業・ブランド側から反応することで、大きなクレームになるのを未然に防いだりすることにも向いています。

また、Xの企業アカウントは、ユーザーが身近に感じられるラフなスタンスで運用している場合も多いです。このように人間味を見せつつ運用することで、企業に対して親近感を持ってもらえるケースもあります。

ただし、Ｉｎｓｔａｇｒａｍのようなビジュアルありきではなくテキストがメインで、ショッピング機能がなくコンテンツのストック性も弱いため、企業アカウントとしての機能性や有用性はＩｎｓｔａｇｒａｍよりやや劣るといえそうです。

楽しんで「使いこなす」ことから始める

SNSには、他にもさまざまな種類がありますが、企業や運用担当者によって向き不向きがあるため、主要なSNSはすべてやるべきというわけではありません。

たとえば、Facebookは世界最大のSNSプラットフォームですが、日本でのユーザーは減少傾向にあるうえ、最近は企業の投稿よりも、親和性の高い友人の投稿などが優先表示されるアルゴリズムになっています。そのため、現状は費用や工数を大きくかけるべきSNSではないといえるでしょう（ただし、現在もFacebookに公式リリースを投稿する企業は多く、企業HPのような公式情報を投稿する場になってきています）。

また、YouTubeはコンテンツとなる動画の作成にかなりの時間と工数、お金などが必要になる場合もあるため、環境によっては運用が難しい場合もあります。

SNS運用を始める際にまず意識すべきことは、**ユーザーのニーズが顕在化したときに「自社や自社のブランドを一番に思い出してもらうため」には、一方通行の発信ではなく、双方向のコミュニケーションが重要である**、ということです。

そうした意味では、Instagramのような「コミュニケーションでターゲット

主なSNSの種類と特徴

Instagram
MAU(※)
世界:20億人(2022年10月時点)
国内:6600万人(2023年11月時点)
画像と動画の投稿がメイン。機能が豊富でEC機能も備えている。

LINE
MAU
世界:1億9400万人(2024年1月時点)
国内:9700万人(2024年3月時点)
日本で一番利用者が多い。ユーザーにプッシュ通知ができる。

X
MAU
世界:2億4500万人(2023年9月時点)
国内:6650万人(2023年12月時点)
テキスト、画像、動画、音声などを投稿できる。拡散性が高い。

TikTok
MAU
世界:15億6000万人(2024年2月時点)
国内:2700万人(2023年9月時点)
短尺動画がメイン。10代を中心に若者の利用者が多く拡散性が高い。

Facebook
MAU
世界:30億7000万人(2023年12月時点)
国内:2600万人(2019年3月時点)
テキスト、画像、動画などを投稿できる。実名登録が原則。

YouTube
MAU
世界:20億人(2022年7月時点)
国内:7120万人以上(2023年5月時点)
動画投稿がメイン。コメント欄で双方向コミュニケーションが可能。

その他の主要SNS

note
登録者数:816万人(2024年5月末時点)
ブログに近いSNS。コンテンツを有料販売できる。

LinkedIn
MAU
世界:10億人(2023年11月時点)
国内:400万人(2024年8月時点)
ビジネス特化型のSNS。就職・転職時の利用が多い。

Pinterest
MAU
世界:8億5000万人(2024年8月時点)
国内:300万人(2022年8月時点)
画像共有サイト。アイデア検索のための利用が多い。

Threads
MAU
世界:2億人(2024年8月時点)
国内:不明
テキスト投稿がメイン。Meta社が2023年にリリース。

※MAU…Monthly Active Usersの略。月あたりのアクティブユーザー(一定期間内に1回以上の利用があったユーザー)数のこと。

ユーザーを顧客化し、ファン化させていくことができる「SNS」が、企業アカウントとして最適ということになります。

もちろん、これから新たなSNSプラットフォームが登場することもあるでしょう。そのため、ここで解説した「優先順位」がいつまでもそのまま通用するとは限りません。

また、SNSは単なるツール（便利な道具）です。正解を求めてあれこれ思い悩んだり、無駄な工数をかけたりといった「ツールに使われる」ような状態では、適切な運用は難しいでしょう。

企業のSNSアカウントの運用は、まずは自分が積極的に各種SNSを楽しんで「使いこなす」ことから始めましょう。そうすることで、自分（自社や自社のブランド）に適したSNSの選び方や使い方が発見できるはずです。

POINT

企業・ブランドとして運用するSNSはコミュニケーションを重視して選ぶ

第3章

宣伝しない時代のコンテンツ作りの極意

あなたも、SNSにアップされた広告を見て、「見たいのはこれじゃない!」と思ったことがあるはずです。

とはいえ、営利組織である企業にとって、宣伝活動は極めて重要であり、欠かせないものでもあります。

それでは、どうすればいいのか?

答えは簡単です。ユーザーが喜ぶ(ユーザーにとって価値がある、役立つ)コンテンツで情報を伝える、あるいは、ユーザー(ファン)自身に宣伝してもらうのです。

そうした「宣伝色を抑えた宣伝」を行ううえで、SNSはもっとも適した、効果的なツールといえるでしょう。

この章では、「宣伝しない」時代のコンテンツ作りを、多くの有名企業のSNS運用の事例とともに解説します。

3-1 広告とオーガニックコンテンツの違い

広告のメリットとデメリット

広告（Paid Content）とは、有料で配信するコンテンツのことで、ターゲット層に直接リーチできるというメリットがあります。これまでは即効性やターゲティング精度の高さが広告の強みでしたが、SNSの普及や前述したCookie規制（31ページ参照）などにより、**近年はユーザーが広告を避けたがる傾向が強まっており、その信頼性や効果も低下**しつつあります。

広告には、他にも「短期間で多くのユーザーにリーチができる」「新商品やキャンペーンなどの認知拡大に適している」などのメリットがあります。その一方で、「コストがかかる」「ユーザーに〝宣伝〟と認識されて嫌がられる可能性がある」といったデメリットもあります。

オーガニックコンテンツのメリットとデメリット

対して、オーガニックコンテンツ（Organic Contents）とは、広告費をかけずに配信する自然発生的なコンテンツのことです。**企業は、SNS上でのブランドストーリーの発信やユーザーとの対話といったオーガニックコンテンツを通して、ユーザーとの長期的な信頼関係を築くことができます。また、ユーザー生成コンテンツ（UGC）や口コミによって、より高い訴求力や信頼性を広げることも可能**です。

オーガニックコンテンツには、「ユーザーにとって信頼性が高い」「ファンとの継続的な関係構築が可能」「情報の拡散にコストがかからない」といったメリットがある一方で、「効果が出るまでに時間がかかる」「情報の広がりがコントロールしづらい」といったデメリットもあります。

現代のマーケティングに求められる戦略とは？

広告がかつてのように「万能」でなくなった現在は、オーガニックコンテンツを軸にしながら、広告を補完的なコンテンツとして使うスタンスが求められます。

「広告」と「オーガニックコンテンツ」のメリット・デメリット

広告のメリット・デメリット

メリット

- ターゲット層に直接リーチできる
- 短期間で多くのユーザーにリーチできる
- 新商品やキャンペーンなどの認知拡大に適している

デメリット

- コストがかかる
- ユーザーに〝宣伝〟と認識されて嫌がられる可能性がある

オーガニックコンテンツのメリット・デメリット

メリット

- ユーザーにとって信憑性が高い
- ユーザー（ファン）との継続的な関係構築が可能
- 情報の拡散にコストがかからない

デメリット

- 結果が出るまでに時間がかかる
- 情報の広がりがコントロールしづらい

たとえば、広告とオーガニックコンテンツの両方を活用する場合、**広告で新規ユーザーとの接点を持ち、オーガニックコンテンツで彼らとの関係を強化する、といった相互補完的な戦略が、現代のマーケティングでは必要**です。

また、広告を用いる場合も、現在は「広告色の薄いもの」が主流になりつつあります。auのテレビCMのような、有名俳優を複数人キャスティングしたドラマ仕立てのエピソードが続いていく形式の広告や、AppleのテレビCMのようにスペックや値段などの情報は出さずに、企業やブランドの世界観にフォーカスした表現を用いて、最後にロゴだけを出すといった手法の広告です。

広告や広告的表現がユーザーから嫌われる傾向にある現在においては、広告を活用する場合でも、オーガニックコンテンツ寄りの広告にする必要があるのです。

POINT

SNS時代のユーザーを引きつけるのは
自然発生的なオーガニックコンテンツ

3-2 コンテンツマーケティングの意義

現在は「価値あるコンテンツ」が求められる時代

コンテンツマーケティングとは、ユーザーにとって有益な情報や価値あるコンテンツを継続的に提供して信頼関係を築くことで、最終的に購買やファン化を促進するマーケティング手法のことです。コンテンツマーケティングにおいては、セールスや広告のような直接的な「売り込み」ではなく、ユーザーの興味やニーズに寄り添った情報や娯楽性の高いコンテンツを提供することで、企業やブランドの価値を伝えます。

つまり、**まさに本書で伝えているSNSマーケティング手法**のことです。

本書で繰り返し述べているとおり、現在はSNSの普及にともない、企業が一方的に情報を発信する時代から、ユーザーとの双方向のコミュニケーションが求められる時代へと変化しました。そうした状況の中で、企業やブランドが提供するコンテンツは**「単**

なる広告」ではなく、ユーザーにとって「価値あるもの」であることが求められる時代になっています。

ここでいう「価値」とは、「今の自分には役立つ内容だった」「有益で勉強になった」「かわいくて癒やされる」「かっこいいから欲しい」などと、ファン候補者であるユーザーが素通りできないような何らかのニーズや感情に訴える内容のことであり、そうしたコンテンツ（情報）こそが、ユーザーに「価値あるもの」として認識されるのです。

コンテンツマーケティングの3つの意義

コンテンツマーケティングが目指すべきは、広告への信頼が低下している現代において、ユーザーに自発的に「企業（ブランド）と関わりを持ちたい」と感じてもらい、長期的な関係を築くための手段として機能することです。

具体的には、次の3つがコンテンツマーケティングの意義といえるでしょう。

①信頼関係の構築……広告のような押しつけではなく、価値ある情報を提供することで、ユーザーはブランドに対する信頼感や親近感を持ちやすくなります。この信頼は、最終的に購買行動やリピーターの獲得、さらにはファン化へとつながります。

コンテンツマーケティングの3つの意義

①信頼関係の構築

ユーザーにとって価値ある情報を提供することで、ブランドに対する信頼感や親近感が増す。

へー、知らなかった。
他の投稿も読んでみよう

②エンゲージメントの向上

共感を呼ぶコンテンツを発信することで、シェアやコメントなどの反応が増え拡散が生まれる。

こんなにこだわって
作ってたんだ。
友だちにもすすめよう

③長期的な価値提供

時間をかけてユーザーとの関係を構築することでブランドロイヤルティやLTVの向上を図る。

いつもコメントを
返してくれて
うれしい♡

②エンゲージメントの向上……コンテンツが共感を呼ぶと、ユーザーはシェアやコメントを通じて積極的にブランドと関わろうとしてくれます。これにより、自然な形でオーガニックな拡散が生まれ、ブランドのメッセージが多くの人に届くことになります。

③長期的な価値提供……コンテンツマーケティングは短期的な結果よりも、長期的なブランド価値の向上を目指します。時間をかけてユーザーとの関係を築くことで、短期的な売上だけでなく、ブランドロイヤルティやLTV（顧客生涯価値）の向上を図ることができます。

つまり、広告は短期的なリーチと効果を狙う「即効性」を重視した手法であるのに対して、**コンテンツマーケティングは「信頼性」と「関係性」を築くことに重点を置き、ブランドのファンベース（※）を育てる持続的な戦略**として位置づけられます。

POINT

ユーザーに「価値あるもの」として
認識されるコンテンツが求められる時代

※ファンベース…顧客を自社に利益をもたらす存在としてとらえるのではなく、企業を支えるファンとしてとらえて大切にしていこうとする考え方。コミュニケーション・ディレクターの佐藤尚之氏が提唱した概念。

3-3 「情報を設置しておく」という考え方

「数」より「内訳」に目を向ける

ＳＮＳを用いたコンテンツマーケティングを行う場合、多くの人は、そのコンテンツや動画などのエンゲージメント数や再生回数などに目を向けがちです。

しかし、それは間違いです。**コンテンツマーケティングにおいては、「数」よりも「内訳」に目を向けるべき**です。

たとえば、30代の女性をターゲットにしているブランド（商品・サービス）なのに、50代の男性ばかりが再生したり、エンゲージメントしたりしているようなコンテンツでは、望むような効果は期待できません。

投稿したあとのエンゲージメント数や再生回数が気になる気持ちはわかりますが、**その投稿にとって意味のある人**（ターゲット／ペルソナに近いユーザー）**に見てもらえないコン**

テンツでは、「数」に一喜一憂したところで意味がないからです。

■プロフィールへのアクセス率を高めることが重要

もちろん、エンゲージメント数や再生回数などの「数」が、まったく意味がないとは言いません。しかし、それよりも重要なのは、「ターゲット／ペルソナに近いユーザー」に届いているかどうかであり、もし、その投稿が「意味のある人」に届いていなければ、届くようにコンテンツを改善することです。

そして、その「意味のある人」たちがその投稿（コンテンツ）に興味を持ってくれたときに、プロフィールを訪れて必要なタイミングで必要な情報を見てもらうことができれば、フォロワーとなってもらったのちのファン化、そしてロイヤルカスタマー化へとつながる可能性が高まります。

ユーザーがわざわざプロフィールにアクセスするということは、投稿コンテンツをきっかけに興味を引くことに成功し、「他のコンテンツも見てみたい」「このコンテンツを発信している人（企業）って、どんな人（企業）なんだろう」と、ポジティブな感情を持ってもらえているということです。このプロフィールへのアクセス率を高めていくことは、

「数」より「内訳」に目を向ける

もちろん「数」も重要な指標ではあるが、それだけを見ていては適切な施策や改善ができない。

プロフィール内に情報を設置しておく

著者のInstagramアカウントのプロフィールページ。自身が経営する株式会社ROCとスペシャルティコーヒー専門店「Beans.」のリンクを貼っている他、近況や著書の情報などを掲載。

ユーザーを「ファン化」するうえで非常に重要な意味を持っています。

プロフィール内に情報（コンテンツ）を設置しておく

たとえば、Ｉｎｓｔａｇｒａｍでアカウントをフォローするには、基本的にプロフィールページの「フォローする」というボタンをタップ（クリック）する必要があります。また、Ｉｎｓｔａｇｒａｍでは投稿にリンクを貼ることはできませんが、プロフィール欄にはＵＲＬを設定してリンク誘導できる箇所があります。

ＳＮＳ、特にＩｎｓｔａｇｒａｍでコンテンツマーケティングを行う際には、投稿時の反応に一喜一憂するのではなく、**自分のアカウント（プロフィール）内に情報（コンテンツ）を設置しておく、という考え方を持つことが重要**です。

POINT

「数」より「内訳」に目を向け
プロフィールアクセス率を高めることが重要

3-4

宣伝しない時代のコンテンツ

宣伝色を和らげて伝える

ここまで読んでいただいた方にはおわかりのとおり、本書でもっとも伝えたいことは「宣伝だけを目的としてSNSを運用するのは間違い」ということです。

とはいえ、繰り返しになりますが、企業がSNSを運用する以上、商品やサービスの話をしないことにはビジネスにつながりません。そのため、「まったく宣伝してはいけない」というわけではありません。

ただし、SNS上で告知や宣伝をする際には、宣伝色をなるべく和らげ、ユーザーに受け入れてもらう必要があります。

そこでここからは、ユーザーに対する具体的な「宣伝色を和らげた伝え方」を、複数の有名企業の事例とともに紹介していきます。

3-5

宣伝しない時代のコンテンツ事例①
商品にストーリーをまとわせる

■「物語」で感情や共感を呼び起こす

従来の広告は、自社やブランドの商品やサービスの機能・特徴などを強調（ユーザーにアピール）して、販売促進につなげるという手法が一般的でした。しかし、SNSが普及した現在では、ユーザーは企業側からの一方的な売り込み（セールス、広告、宣伝）を嫌う傾向にあります。

そのため、SNSマーケティングの領域では、従来どおりの直接的な宣伝ではなく、商品やブランドにストーリーをまとわせる「ストーリーテリング」が主流になりつつあります。

次に紹介するのは、**商品を単なる「もの」ではなく、感情や共感を呼び起こす「物語」の一部としてユーザーに伝える手法**です。

▼Nikeの「Just Do It.」キャンペーン

Nikeはテレビ CMなどの広告において、特定の製品の宣伝ではなく、「Just Do It.」というスローガンを通じて、多くのアスリートや一般の人々に「挑戦や目標に向かって努力する姿勢」を伝えています。

SNS上でも、Nikeはプロのアスリートだけでなく、一般のユーザーの成功ストーリーや挑戦に関するエピソードをシェアし、共感を呼んでいます。この施策によってブランドへの親近感や信頼感が生まれ、商品購入に結びついています。

なお、当初、日本で広告展開する際に「Just Do It.」という言葉を日本語に訳す案もあったそうですが、創業者のフィル・ナイトは翻訳を拒んだと言われています。これは「メッセージに一貫性を持たせる」ことの重要性を示すエピソードともいえるでしょう。

▼Appleの「Shot on iPhone 6」キャンペーン

Appleは2015年に、新商品「iPhone 6」に搭載されたカメラの性能をアピールするために「Shot on iPhone 6」キャンペーンを展開しました。このキャンペーンは、プロのカメラマンから一般のユーザーまで参加しiPhone 6

で撮影した日常や風景をＳＮＳでシェアするというもの。ユーザー自身がｉＰｈｏｎｅ６で撮影した美しい写真や動画をＳＮＳに投稿し、Ａｐｐｌｅがその作品を紹介することで、ユーザー自身が「クリエイティブなコミュニティの一員である」と実感できるストーリーを作り出しました。Ａｐｐｌｅは、このＵＧＣを自社のＳＮＳアカウントで紹介するだけでなく、クオリティーの高い作品１６２枚を選んで巨大なポスターを制作し、１万枚以上を世界73の主要都市に設置しました。

同社はこの取り組みで、ユーザーが生み出した作品をコンテンツの一部とし、製品の魅力を自然な形で拡散。さらには、ｉＰｈｏｎｅ ６を使って「特別な瞬間をとらえる」というストーリーを演出することにも成功しました。

なお、この施策は高く評価され、２０１５年のカンヌライオンズ国際クリエイティビティ・フェスティバル（世界3大広告賞の一つとされる世界最大級の広告賞）のアウトドア部門でグランプリを受賞しました。

その後もＡｐｐｌｅは「Shot on iPhone」キャンペーンを展開しており、開催期間中は「#ShotOniPhone」のハッシュタグをつけてＩｎｓｔａｇｒａｍやＸへ投稿することをうながすことで、ユーザーとのコミュニケーションを広げています。

ストーリーを伝えてユーザーの共感を引き出す

これらの事例に共通するのは、**商品そのものの機能を宣伝するのではなく、ブランドや商品にまつわる「人間的な物語（ストーリー）」を伝え、ユーザーの共感を引き出している**点です。

ストーリーテリングによって、消費者は商品やブランドに対して感情的なつながりを感じ、自らそのストーリーに参加したいと感じるようになります。

SNSでのストーリーテリングは、単なるマーケティング戦略ではなく、ユーザーとのより深いコミュニケーションをうながすことで、長期的な関係を築くための強力な施策なのです。

POINT

「人間的な物語」を伝えることで
ユーザーはブランドに感情的なつながりを感じる

3-6 UGC活用

宣伝しない時代のコンテンツ事例②

ユーザーの自発的な投稿をSNSでシェアする

ユーザーが自発的に作成したコンテンツ（UGC……68ページ参照）を企業側で取り上げて、ブランドや商品・サービスを紹介する手法です。企業側の発信ではなく、**ユーザー側の自発的なレビューや写真、動画などの投稿をブランドのSNSでシェアすることで、リアルで信頼感のある宣伝が可能になります**。

UGCは、実際の利用者の「声」のため、企業が発信する情報（広告・宣伝）よりも自然で親しみやすく、共感しやすいのが特徴です。UGCが一つもないという場合は、フォトコンテストなどのキャンペーン（70ページ参照）を企画して、UGCの生成をうながすとよいでしょう。

以下は、UGCの活用事例です。

▼GoProの「#GoProAwards」キャンペーン

アクションカメラメーカーのGoProは、ユーザーがGoProのカメラで撮影した写真や動画をSNSに投稿し、ハッシュタグを使ってシェアする「#GoProAwards」キャンペーンを展開しています。優れた作品には賞が贈られるしくみで、GoProは公式アカウントでこれらの作品を紹介しています。このようにユーザー自身の体験や冒険をシェアできる場を提供することでGoProのコミュニティが活性化するだけでなく、新たなユーザーにとっても、実際の使用シーンを見ることで商品の価値や魅力がリアルに伝わります。

SNSだけでなく、GoPro公式HP内でも投稿を募集（上の画像）し、投稿作品を紹介している。

POINT

UGCを自社のSNSで取り上げることで
リアルで信頼感のある宣伝が可能になる

3-7 宣伝しない時代のコンテンツ事例③ インフルエンサーの活用

■変化した「インフルエンサー」の定義

信頼できるインフルエンサーを起用し、商品のプロモーションを宣伝色の少ないナチュラルなコンテンツとして発信する方法です。インフルエンサーのファンは彼らのライフスタイルに共感しているため、彼らが「日常の中で使っている商品」として紹介することで、宣伝色を抑えた自然な形でブランドを紹介することができます。

しかし、多くのインフルエンサーは案件の割合が多いことで、フォロワーとの信頼関係が十分に築けていないという事例が増えてきています。そもそも、フォロワーや案件の多い、いわゆる**「トップインフルエンサー」は、フォロワーからすると遠い存在のためファンとの関係性が薄く、ファン（フォロワー）の行動を変えるレベルの深さで情報が伝わりづらい**場合も多いです。

一方で、近年は「インフルエンサー」という概念が再定義されています。

かつては、フォロワー数100万人を超えるようないわゆる「トップインフルエンサー」だけがインフルエンサーとされていました。しかし、最近は「マイクロインフルエンサー」や「ナノインフルエンサー」（62ページ参照）といった**トップインフルエンサーよりもフォロワー数がやや劣るインフルエンサーのほうが、フォロワーとの距離感が近いためユーザーの行動に与える影響が強く、購買行動にもつながりやすく費用対効果がよい**として、企業から重宝される傾向にあります。

▼アサヒビールの「スーパードライ」キャンペーン

大手ビールメーカーのアサヒビールは、2022年に人気のビールブランド「アサヒスーパードライ」をフルリニューアルした際、PRキャンペーンの一環としてインフルエンサーを活用したプロモーションを行いました。

たとえば、Twitter（現・X）では人気お笑い芸人などのインフルエンサーを起用してプレゼントキャンペーンを展開。InstagramやYouTubeでも人気YouTuberらとコラボしてキャンペーンを盛り上げるなど、大勢のファンがいるインフルエンサーを起用することで多くのSNSユーザーにリニューアル情報を的確に発信し、発売前から話題を集めることに成功しました。

▼無印良品によるInstagramの活用

無印良品は、インフルエンサーを通じて「無印良品週間」キャンペーンを展開。「ムジラー（無印良品の愛好者）」を自称するインフルエンサーが、自分の日常で無印良品の商品をどのように使っているかをSNSで紹介するという、自然な形でファンに伝わるプロモーションを行いました。また、インフルエンサーが実際に愛用している様子をSNSでシェアし、フォロワーにとって身近でリアルなブランド体験を提供することで、結果として多くの顧客を店舗やオンラインストアに引き込むことに成功しました。

POINT

近年は、フォロワーとの距離が近いインフルエンサーが重宝される傾向にある

3-8 宣伝しない時代のコンテンツ事例④
「お役立ち情報」の投稿

■「お役立ち情報」で信頼性と関心を高める

ＳＮＳでユーザーの生活や仕事に役立つ情報を発信し、直接的な売り込みではなく「価値提供」を行うことで、ユーザーとの関係性を強化する手法です。

商品の使い方や活用方法、関連分野の知識をシェアすることで信頼性を高め、結果として商品やサービスへの関心を高めることができます。自社の商品・サービスに関連した「お役立ち情報」を動画や画像を用いてわかりやすく発信し、ユーザーのニーズを掘り起こすことで、単なる広告宣伝以上の効果を発揮することも多いです。

▼ニトリによる「役立つ情報」の投稿

ニトリは、Ｉｎｓｔａｇｒａｍなどのビジュアルプラットフォームを活用して、商品を使ったインテリアの実例を多くシェアしています。また、同社はＳＮＳで自社商品の宣伝をするだけでなく、生活に役立つ情報やヒントを提供しています。

たとえば、「収納アイデア」や「季節ごとのインテリアの変え方」、「掃除のコツ」といったユーザーの日常生活に密接に関わるコンテンツを発信し、フォロワーの生活に役立つ情報を提供。また、発信する情報はニトリの商品をより効果的に使うためのヒントとなっており、ユーザーに自然な形で同社の商品の魅力を伝えることに成功しています。

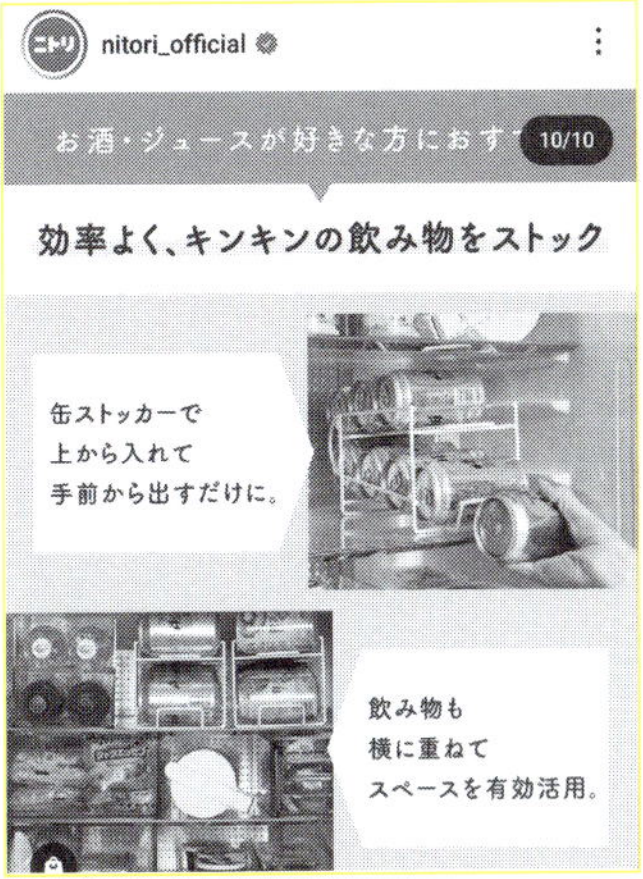

ニトリのInstagram投稿「見えるからムダがない！ 冷蔵庫収納術」より。自社商品を使った便利な収納術を紹介している。

▼ベネッセによる学習サポート

教育事業を展開するベネッセコーポレーションは、「進研ゼミ」のＩｎｓｔａｇｒａｍで学生向けに勉強のヒントや学習計画の立て方を紹介するコンテンツを投稿。また、保護者向けのコンテンツも発信し、購入者である親の関心にも応えています。

特に小中高生や受験生向けのアドバイスを視覚的にわかりやすい画像や動画で提供し、ユーザーの学習意欲を高めるコンテンツを展開。ユーザーはSNS上で気軽に学習リソースにアクセスできるため勉強のモチベーションが維持しやすく、結果的に同社の教材やサービスに対する関心を高めるという結果につながっています。

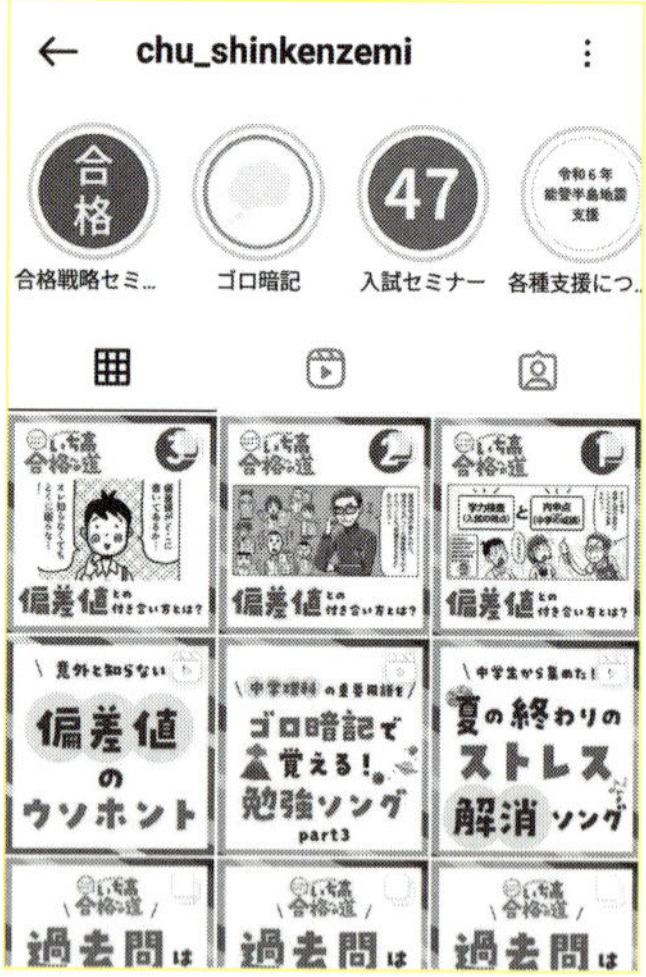

ベネッセの「進研ゼミ中学講座」Instagram公式アカウントのホーム画面。受講者向けから保護者向けまで豊富なコンテンツを揃えている。

POINT

ユーザーに「価値提供」を行うことで関係性を強化して購入につなげる

3-9 宣伝しない時代のコンテンツ事例⑤ 舞台裏の共有

舞台裏を紹介して共感を生み出す

製品やサービスがどのように作られているのか、**舞台裏の様子をSNSで紹介することで透明性のアピールや作り手の思いに迫り、共感を生み出す**手法です。

企業（ブランド）がどんな信念で活動しているのか、作り手の情熱やこだわり、技術などの**舞台裏をストーリーとして見せることで、商品やサービスを単なる「売り物」としてではなく、ユーザーにとって「購入したり、応援したりする価値があるもの」として伝える**ことができます。

製造の過程（プロセス）をユーザーに見せる手法のため、「プロセスエコノミー」（商品やサービスといった「物」だけではなく、それらを生み出す過程自体が収益をもたらすという考え方）にも通じる施策といえるでしょう。

▼キリンビールによる商品製造の裏側の紹介

キリンビールは、SNSを商品の宣伝やブランドの認知拡大に活用するだけでなく、工場見学や新製品開発の舞台裏の紹介、社員の仕事ぶりや日常などをSNSで紹介することで、ブランドへの親近感や信頼感を高めています。また、同社では新商品や季節限定商品を発売する際の開発プロセスなどをSNSで共有することも。

　こうした舞台裏を伝えるコンテンツを見たユーザーは、商品の背後にあるストーリーを知ることで、より深い関心を持つようになります。

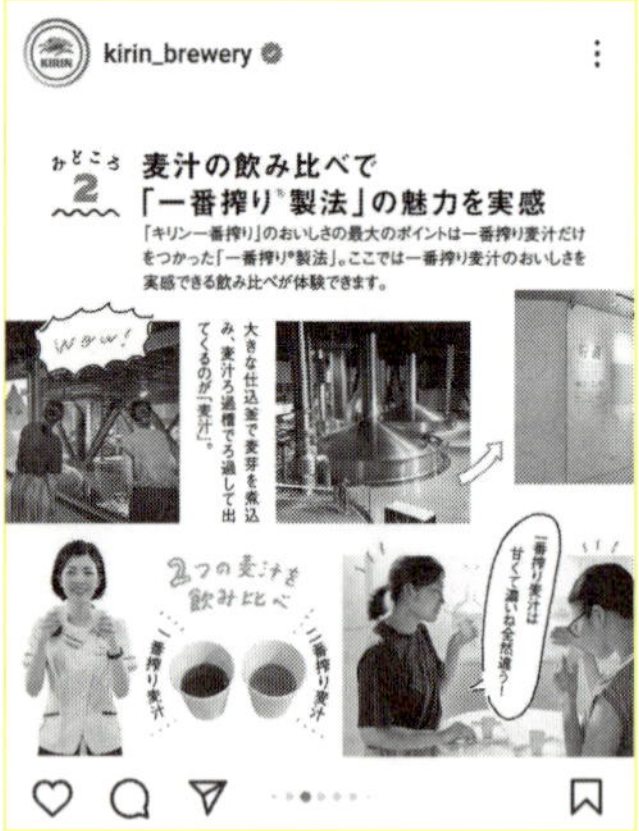

キリンビールのInstagram投稿「キリンビールの工場見学」より。このコンテンツでは人気の工場見学の見所を紹介している。

▼ファミリーマートによる「舞台裏」の公開

ファミリーマートは国内のコンビニ各社の中でもとりわけSNSに力を入

れており、LINE1つ、X4つ、Instagram3つ、Facebook2つ、YouTube2つ、TikTok1つと、実に13もの公式アカウントを運用しています（うち2つは採用アカウント、1つは外国人向け）。

アカウントが多い分、投稿コンテンツの内容も多岐にわたりますが、新商品の開発や製造現場の様子、店舗でのキャンペーンや新サービスの準備風景など、ユーザーが普段見られない舞台裏の公開にも力を入れています。特に人気のファミマスイーツに関しては、専用のハッシュタグを使用して開発秘話や裏側を公開しており、ユーザーがスイーツ作りの裏話を楽しめるコンテンツを数多く投稿しています。

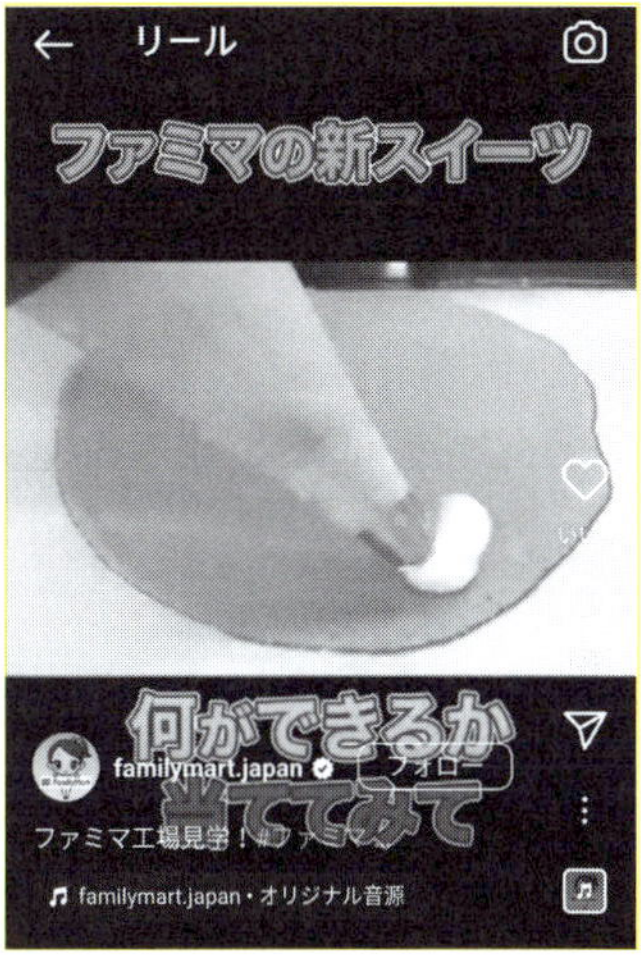

ファミリーマートのInstagram投稿。人気スイーツの製造過程を公開する動画の一場面。

自分の気持ちにベクトルを向ける

ライティングの手法の一つとして、「自分の気持ちにベクトルを向ける」ことも、宣伝

色を緩和するうえで有効です。

たとえば、「発売日、価格、商品のスペック」といった定型的な投稿ばかりだと、ユーザーは「また宣伝か」と感じて、一気に冷めてしまいます。

一方で、対象となる商品・サービスなどを思いついたきっかけや背景にある思い、あるいは開発や製造などの過程における自分の気持ちやこだわりを伝えるなど、**「送り手側の人間味（背景にあるストーリー）」を感じさせる投稿は、ユーザーの関心や共感を得やすくなります**。

こうした「気持ち」を伝える投稿は、定型的な投稿に比べて工数はかかりますが、ユーザーとのコミュニケーションを深めるうえでは重要な要素です。舞台裏やストーリーを伝える際には、「自分の気持ちにベクトルを向ける」ことを意識しましょう。

POINT

舞台裏をストーリーとして見せることでユーザーに商品の「価値」を伝える

3-10 宣伝しない時代のコンテンツ事例⑥ インタラクティブコンテンツ

SNSでユーザー参加型のコンテンツを提供する

ユーザー参加型のコンテンツを提供することで、双方向のコミュニケーションを図る手法です。**クイズ、アンケート、投票型の投稿に、ユーザーに積極的に参加してもらうことで、商品の理解を深めてもらい、興味を引きつけること**ができます。

▼資生堂の「#ShareBeauty」キャンペーン

資生堂はＩｎｓｔａｇｒａｍやX、ＴｉｋＴｏｋなどを活用した数々の消費者参加型キャンペーンを行い、ブランド認知度やユーザーの関与の向上につなげています。

同社が２０１８年に実施した「#ShareBeauty」というＩｎｓｔａｇｒａｍのキャンペーンでは、ブランドメッセージである「美の共有」をテーマに資生堂の商品に関連した写真や動画のシェアを呼びかけました。その結果、世界中のユーザーから1万件以上の投稿がありました。

▼無印良品によるアンケート機能を活用した商品開発

無印良品は、Ｉｎｓｔａｇｒａｍのストーリーズでアンケート機能を使い、新商品に関するユーザーの意見を募集しました。たとえば、どのデザインや色がいいか、どの機能が便利かなど、ユーザーが次の商品に対する期待をリアルタイムで共有できるしくみです。ユーザーのフィードバックをもとに製品を改良することで、ユーザーは参加型の開発体験を得ることができます。また、ユーザーが「自分の意見が反映される」と感じることで、ブランドへのロイヤルティも高まります。

POINT

双方向のコミュニケーションを図ることで
商品の理解をうながし興味を引きつける

3-11 宣伝しない時代のコンテンツ事例⑦ 物語の活用

■「ストーリー」で価値やブランドイメージを表現する

従来の広告とは異なり、商品自体を強調するのではなく、物語（ストーリー）の中で自然に使われる商品を見せる形式です。

たとえば、**短編動画やマンガなどのストーリーに商品をさりげなく取り入れたり、ブランドのこだわりやブランドイメージを表現したりすることで、広告色や宣伝色を抑えつつ、商品がどのような価値を持つかを自然に伝える**ことができます。

▼ソフトバンクの「白戸家」シリーズ

ソフトバンクの「白戸家」シリーズは、ＳＮＳで長年にわたり展開されている物語広告（ナラティブ広告）の成功事例です。

家族を中心にした物語を通して、日常のコミカルな出来事や感動的なストーリーを織り交ぜ、ソフトバンクのサービスや新しい商品を自然な形で紹介しています。

「白戸家」シリーズの視聴者は物語に引き込まれ、SNSで話題を呼び続けており、広告というよりも「続編を待つドラマ」のような感覚を与えることに成功しました。

父の日は、
お父さんが
待ってる日。
SoftBank
国民的人気者となった白戸家の「お父さん」。ストーリーのある娯楽性の高い動画やテレビCMでソフトバンクのイメージアップに貢献した。

なお、この「物語の活用」や最初の事例として紹介した「商品にストーリーをまとわせる」といった手法は、広告として展開する場合は大企業向けであり、中小企業が行うことはあまりおすすめできません。なぜなら、すでに知名度のある企業の場合は施策がうまくいけばイメージアップや認知の拡大につながりますが、まだ知名度のない企業の場合、広告として展開するには費用対効果が悪いからです（知名度がない＝イメージがない状態で、広告費をかけてイメージアップを図ったところで効果は限定されてしまいます）。

ただし、広告展開するのではなく、自社のSNSアカウントを訪れたすでに認知してくれているユーザー向けの投稿コンテンツとして、低コストで行う分にはいずれも効果的です。

ここまでの解説でおわかりいただけたと思いますが、これからのSNSマーケティングにおいては、**最終目的が宣伝であったとしても、視聴者が積極的に「見たい」「参加したい」と思ってもらえるしくみを工夫することが極めて重要**です。

「宣伝しないコンテンツ」における工夫は、有形商材はもちろん無形商材でも使える事例が多いです。これらの成功事例をお手本にして、みなさんの扱っている商材に合わせて試していただければと思います。

POINT

ユーザーが積極的に「見たい」と思うコンテンツで興味を引きイメージアップを図る

第4章

SNSでファンとの絆を深める

企業のSNSアカウントにとって、ファンの存在が極めて重要であることは、第2章でお伝えしました。

それでは、どうすればファンになってもらえるのか?

その答えは、SNSを通したコミュニケーションです。

従来の一方通行型の広告と異なり、SNSでは、企業・ブランドとユーザー間の双方向のコミュニケーションが可能です。また、企業アカウントの中で、ユーザー同士のコミュニケーションを生み出すこともできます。

SNSという場が持つ機能が、ファンが集い、さらにファンを生み出すコミュニティを作り出してくれるのです。

この章では、UGCを中心とした「ファンとのコミュニケーション」を活性化するためのポイントを解説します。

4-1 SNSを通じたファンとの対話の重要性

SNSで透明性と信頼感をアピールする

SNSは企業・ブランドとファンが双方向で対話するには最適なプラットフォームです。ほぼ一方通行だった従来の広告とは異なり、SNSではファンが積極的に企業・ブランドが生み出すものに関与する環境を作り出すことができます。

SNSを活用したファンとの対話は、ブランドと消費者の関係性を深め、単なるフォロワーを忠実なファンへと変えていく力を持っています。

企業・ブランド側が一方的に情報を発信するだけでなく、SNSでの反応を通してファンの声を聞き、意見や感想に対して真摯に対応することで、ファンは自分がブランドにとって重要な存在であると感じます。この**「参加感」こそが、ファンのロイヤルティを高め、企業・ブランドの成長を促進**します。また、ファンの声を商品やサービスの向上に活かすことで、企業・ブランドの持続的な成長を図ることもできます。

それだけではありません。双方向のコミュニケーションを通じて企業・ブランドは透明性と信頼感をアピールできるうえに、ファンがSNSで質問したり、コメントを残したりした際に迅速かつ親身な対応をすることで、ファンは企業・ブランドに対して「真摯に対応してくれた」と感じ、さらに信頼感を深めます。

ユーザー（ファン）の信頼を得ることは、長期的なファンベース（107ページ参照）を形成するための重要なステップです。そしてファンとの対話は、単なるエンゲージメントを超えて、ブランドとファンの絆を深める大切なプロセスです。

ファンとの対話を大切にし、企業・ブランドに対する愛着を深めてもらうことこそが、これからの時代のマーケティングにおいては不可欠な要素なのです。

POINT

これからの時代は、ファンとの対話を大切にし
信頼と愛着を深めてもらうことが不可欠

4-2

ファンとの対話方法①

パッシブサポート

■適切な対応でファンとのコミュニケーションを支える

パッシブサポートとは、SNS上でユーザーから寄せられたコメントやダイレクトメッセージ（DM）に対して、企業・ブランドが適切な対応を行うことで、ファンとのコミュニケーションを支える手法です。

このサポートは、ユーザーからの直接の問い合わせや反応に対する「受け身（パッシブ）の対応」のことを指し、ファンとの信頼関係を深めるための基本的かつ重要な役割を担うものです。

パッシブサポートの手法には、次のようなものがあります。

①コメントへの返信…投稿として寄せられた質問やフィードバック、称賛などに対して丁寧に返信を行うことで、ユーザーが「自分の声を聞いてくれた」と感じられるように

します。たとえば、製品の使用方法や製品についての疑問に答えることはもちろん、称賛などのポジティブなコメントに対して感謝を伝えることも重要です。

②ダイレクトメッセージ（DM）への対応…DMで寄せられた個別の問い合わせやクレームに対しては、迅速かつ丁寧な返答を行いましょう。ユーザーがあえてDMで送ったということは、パブリックなコメントでは言いにくい内容の場合もあります。そうしたメッセージにも丁寧に対応することで、ユーザーは安心して企業・ブランドとの対話を続けられ、信頼感を抱くようになります。

③クレームやネガティブなコメントへのフォローアップ…商品やサービスの問題点を指摘するコメントやDMに対しても、感情的にならず、誠実に対応することが大切です。クレームにも真摯に対応し、迅速で適切な解決策を提示することは、結果としてブランドの信頼性を高めるだけでなく、ユーザーのネガティブな感情をポジティブに変える（ファン化する）チャンスでもあります。

パッシブサポートの4つの効果

パッシブサポートには、次のような効果があります。

①ユーザーの満足度の向上…コメントやDMに対して適切に対応することで、ユーザーは企業・ブランドが自分を大切にしていると感じ、好感度や満足度が向上します。また、店舗などの中間業者ではなく、企業・ブランドが直接コミュニケーションを取ることで、ユーザーに親近感を与えることができます。

②ブランドに対する信頼の向上…迅速で丁寧な対応を行うことで、ブランドに対する信頼感が高まります。特にクレーム対応を迅速かつ的確に行うことは、長期的な信頼関係を築くきっかけとなります。

③ファンのロイヤルティ強化…ファンは、自分の声が届いていると実感することで、企業・ブランドへの愛着を強めます。特に自分の意見が反映されたり、フィードバックに応じて改善が行われたりすると、さらに忠実なファンとなり、継続的にブランドをサポートしてくれるようになります。

④リスク管理と評判保護…ＳＮＳは情報が広がる速度が速いため、クレームやネガティブなフィードバックを放置したままだと、ブランドイメージに大きな影響を与えかねません。早期に対応することでネガティブな状況（ネガティブな情報の拡散や、それにともなうイメージの悪化）を抑制し、企業・ブランドの評判を守ることができます。

パッシブサポートの手法と効果

パッシブサポートの3つの手法

①コメントへの返信
ユーザーから寄せられたさまざまなコメントに対して丁寧に返信を行う。

②ダイレクトメッセージへの対応
DMで寄せられた個別の問い合わせやクレームに対して迅速に返答する。

③クレームへのフォローアップ
クレームなどにも真摯に対応し、迅速かつ適切な解決策を提示する。

パッシブサポートの4つの効果

①ユーザーの満足度の向上
適切な対応をすることでユーザーの好感度や満足度が向上する。

②ブランドに対する信頼の向上
迅速で丁寧な対応を行うことで、ブランドに対する信頼感が高まる。

③ファンのロイヤルティ強化
ファンは「自分の声が届いている」と実感することでブランドへの愛着を強める。

④リスク管理と評判保護
クレームなどにすばやく対応することでネガティブな状況を抑制できる。

ＳＮＳの普及で増したコミュニケーションの重要性

パッシブサポートは、ファンとの接点を大切にし、ブランドに対する信頼とロイヤルティを高める重要な手段です。ＳＮＳ上のコメントやＤＭに対して適切に反応・対応することで、ユーザー満足度が向上し、ブランドのポジティブな評価を維持・強化する効果があるからです。

かなり工数がかかるため面倒と感じる人もいるかもしれませんが、ＳＮＳの普及によりコミュニケーションの機会と重要性が増した現在、企業はこうした対応ができる体制を整える必要があります。これからの時代は「ファンが安心して企業・ブランドと関わることができる環境」を整えることが重要なのです。

POINT

「受け身の対応」を適切に行うことでファンの信頼と愛着を獲得し、リスクを回避する

4-3
ファンとの対話方法②
アクティブサポート

■ 積極的にファンや顧客とエンゲージメントを図る

アクティブサポートとは、ブランド側から積極的にファンや顧客とエンゲージメントを図る手法です。SNSに投稿されたUGCに反応したり、企業・ブランドが自らファンとの対話を仕掛けたりすることで、双方向のコミュニケーションを深めることを指します。パッシブサポートが「受け身」であるのに対して、アクティブサポートは「積極的な対応」のことを指します。

アクティブサポートの手法には、次のようなものがあります。

①UGC（ユーザー生成コンテンツ）への反応…ファンが企業・ブランドに関連する投稿をした際、その投稿に対して「いいね」やコメント、シェアなどで反応をすることです。反応を受け取ったファンは、自分の声が企業・ブランドに届いていると実感し、好

感や親近感を抱きます。

②ライブ配信でのファンとの直接対話…ＩｎｓｔａｇｒａｍやＹｏｕＴｕｂｅなどでライブ配信を行い、リアルタイムでファンの質問に答えたり、コメントに反応したりすることで、企業・ブランドとファンとの距離感が縮まります。また、リアルタイムで双方向の対話を行うことで共有感や親密感が増し、ファンのエンゲージメントが高まります。

アクティブサポートの４つの効果

ファンの投稿に対してアクティブサポートを行うことで、次のような効果が期待できます。

①ファンとの関係性の強化…ファンの投稿に企業・ブランドが直接反応することで、企業・ブランドに対する愛着心が強まります。これによりファンはさらに積極的に企業・ブランドへの関与を増し、ロイヤルティも向上します。

②ＵＧＣの促進…企業・ブランドが積極的にＵＧＣに反応することで、そのファン自身がさらにＵＧＣをアップしてくれることはもちろん、その公開の場で行われるやりと

りを見ている他のファンもUGCを投稿しはじめ、結果としてその企業・ブランドに関連するSNS上のコンテンツが増加します。これにより企業・ブランドは、広告や宣伝に頼ることなく、自然な形でユーザー間での話題を集めることができ、SNS上での口コミ効果も広がります。

③エンゲージメントの拡大…ファンとの直接的な対話の機会を設けることで、企業・ブランドへのエンゲージメントが高まります。また、SNS上でのやりとりは公開されているため、他の潜在的なファンに対しても、「ファンに寄り添った企業」「自分も参加したい」といったポジティブな印象や意欲を与えられます。

④口コミ・バイラル（口コミによる拡散）効果の拡大…UGCやファンとの対話が広がることで、SNS上での口コミが増え、結果として新たなファン層の獲得につながります。

UGCを積極的に活用しない企業は淘汰されていく

アクティブサポートは、企業・ブランドが自らファンとの対話を仕掛け、UGCを活用することで、ファンとのエンゲージメントを深める効果的な手法です。

直近の例では、ファミリーマートや日清食品（カップヌードル）、コカ・コーラなどの有

アクティブサポートの「手法」と「効果」

アクティブサポートの手法

①UGCへの反応

ファンの投稿に対して「いいね」やコメント、シェアなどで反応を示す。

②ライブ配信でのファンとの直接対話

リアルタイムで双方向の対話を行うことで、ファンとの共有感や親密感を高める。

アクティブサポートの効果

①ファンとの関係性の強化

ファンの投稿に小まめに反応することで、企業・ブランドへの愛着心が強まる。

②UGCの促進

ファンのUGCに積極的に反応することで、他のファンの投稿（UGC）も増える。

③エンゲージメントの拡大

直接的な対話がファンの愛着を強め、他のユーザーにもポジティブな印象を与える。

④口コミ・バイラル効果の拡大

対話が増えるとSNS上での口コミも増え、新たなファンの獲得や情報拡散につながる。

名企業・ブランドも、InstagramやX、YouTubeなどのSNS上で積極的にファンとのコミュニケーションを行い、成果を上げています。

UGCは、個人メディアが全盛の現代において極めて重要です。これを活用するか否かがこれからの時代の企業と消費者の関係性を決めると言っても過言ではないでしょう。業種や業態にもよりますが、私は、UGCを積極的に活用しない企業は淘汰されていく可能性が高いと考えています。

企業・ブランドがこうした積極的な対応を繰り返すことによって、ファンのロイヤルティが高まり、自然な口コミやバイラル効果が促進されます。それにより自ら宣伝することなく、自社や自社の商品・サービスの認知を広げ、ファンを増やしていくことができるのです。

POINT

積極的に対話を仕掛け、UGCを活用することで宣伝することなくファンを増やしていく

4-4 ファンとの対話方法③ 双方向型コンテンツ

■双方向型の対話でファンとの関係性を深める

双方向型コンテンツとは、企業・ブランドが一方的に情報を発信するだけでなく、ファンやフォロワーが積極的に関与できるようなしくみを取り入れたコンテンツを提供する手法です。

ファンとの関係性や親密度を深めるうえで、双方向型コンテンツは非常に効果的です。SNS全盛の現代においては必要不可欠な施策の一つといえるでしょう。

双方向型コンテンツの具体的な手法には、次のようなものがあります。

①**参加型の投稿の活用**…InstagramやXのアンケート機能を使ってファンの意見を募ることで、ファンは「ブランドの意思決定に参加している」と感じることができます。また、ストーリーズのアンケートスタンプやクイズスタンプを活用したコンテン

ツを配信することで、ファンは楽しみながらコンテンツに参加することができます。

②リアクションスタンプやスライダーの活用…アンケートやクイズは考える必要があるのに対して、リアクションスタンプやスライダーは「スタンプを押すだけ」、または「スライドするだけ」なので、ファンがより参加しやすくなります。この2つは、双方向型コンテンツとしてもっとも簡単で、ファンが反応しやすい手法です。

③ライブ配信…144ページで触れたライブ配信も双方向型コンテンツを代表する手法の一つ。配信中に視聴者からリアルタイムで質問やコメントを受け付けて、その場で応答するという形式が一般的です。商品・サービスの紹介やイベントの裏側の解説、スタッフとの会話などを、ファンとリアルタイムで共有することができます。

双方向型コンテンツの4つの効果

双方向型コンテンツには、次のような効果が期待できます。

①ファンのエンゲージメント向上…双方向型コンテンツのようなリアルタイムの体験型コンテンツは、移動せずに参加できる一種のイベント（お祭り）であり、参加したファンによる企業・ブランドへの関与度（または関与への欲求）が高まります。また、意見を

双方向型コンテンツの手法と効果

双方向型コンテンツの手法

①参加型の投稿の活用

アンケート機能を使ったりクイズ形式にしたりしてファンの関与をうながす。

②リアクションスタンプやスライダーの活用

リアクションスタンプやスライダーを活用してファンが参加しやすくする。

③ライブ配信

商品情報や質疑応答などをリアルタイムで配信し、ファンと共有する。

双方向型コンテンツの効果

①ファンのエンゲージメント向上

臨場感や一体感を提供することで、ファンのブランドへの関与度や愛着が増す。

②信頼関係の構築

リアルタイムでの直接対話の機会を設けることで、ファンの信頼度が高まる。

③口コミ効果の促進

多くのファンが参加することで、「フォロワーのフォロワー」にも認知が広がる。

④ブランド理解の深化

ファンが楽しみながらブランドや商品について知ることができ、好意も深まる。

求められたり、リアルタイムで反応してもらったりすることで、ファンは企業やブランドとのつながりをより深く感じるようになります。

②信頼関係の構築…双方向型のコミュニケーションの機会を持つことにより、ファン（ユーザー）の企業・ブランドに対する信頼感が増し、長期的な継続購入者となる可能性が高まります。

③口コミ効果の促進…多くのファンが参加して投稿やコメントをすることで、アカウントの「フォロワーのフォロワー」にも自然な形で企業・ブランドの認知度が上がります。また、UGCの活用により、ユーザーにとって信頼性の高い口コミが促進されます。

④ブランド理解の深化…クイズなどのコンテンツを通じて、ファンが楽しみながらブランドや商品の特徴や魅力を知ることができるため、理解や好意も深まります。

POINT

ファンが積極的に関与できるコンテンツで
ファンとの関係性や親密性を深める

4-5 ファンによる発信を促進する施策

UGCで信頼を高めコミュニティを育てる

ファンによる発信（UGC／ユーザー生成コンテンツ）をうながすための施策は、SNSマーケティングを行ううえで非常に重要です。UGCの増加はブランドの信頼性を高め、ファンを巻き込んでコミュニティを育てる効果があります。

次にあげたのは、ファンによるUGCをうながすための具体的な施策です。

①キャンペーンの実施…「フォトコンテスト」や「ハッシュタグキャンペーン」といったキャンペーンを実施することでUGCを増やす手法です。「自社アカウントにUGCがない」といった〝ゼロイチ〟の段階からUGCの生成をうながしたい場合に、特に有効な施策です。ブランドや商品に関連する独自のハッシュタグを作成し、ファンにそのタグを使った投稿をうながすのです。コンテスト形式にして、もっとも「いいね」やシ

ェアされた投稿、もしくはブランドの世界観に合った投稿などを選考し、当選者には自社商品をプレゼントするという手順が一般的。たとえばファッションブランドであれば、「#マイコーデチャレンジ」などと、ファンが自分のコーディネートを投稿できるハッシュタグを作成するイメージです。

②UGCをシェアする…ファンが投稿したUGCを公式アカウントで取り上げてシェアすることで、他のフォロワーに「私も参加したい」と感じてもらい、ユーザー投稿を増やす手法です。たとえば、美容ブランドが「自分のメークルーティン」をファンに投稿してもらい、ブランドのストーリーズやフィードで紹介することによって、他のファンも公式アカウントで取り上げられることを目指して積極的に投稿するようになります。この施策により企業・ブランドとファンの双方向のコミュニケーションが強化・活性化され、フォロワーが積極的にブランドと関わるようになる効果が見込めます。

③商品やサービスの体験シェアをうながす…自社の商品やサービスを購入したファンに、感想や使用方法などをSNSでシェアしてもらえるよううながす施策です。たとえばカフェチェーンであれば、顧客に「あなたの好きな当店のコーヒーメニューをシェアして」などと、次回にドリンクが無料になるクーポンなどの特典を用意して投稿をうなが

UGCをうながすための3つの施策

施策 1　キャンペーンの実施

コンテストの優勝者には
○○をプレゼントします!

フォトコンテストやハッシュタグキャンペーンなどを実施してユーザーやファンの投稿(UGC)をうながす。

施策 2　UGCをシェアする

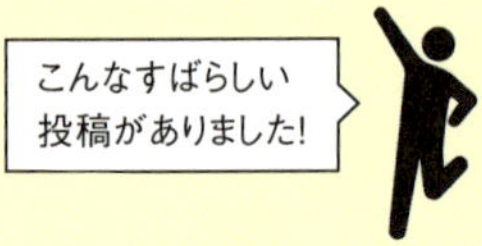
こんなすばらしい
投稿がありました!

ファンが投稿したUGCを公式アカウントで取り上げシェアすることで、他のフォロワーの投稿をうながす。

施策 3　商品やサービスの体験シェアをうながす

感想を投稿すると
こんな特典があります

商品やサービスを購入したファンに、特典などを用意して感想などをSNSでシェアしてもらえるよううながす。

し、自社の世界観と合う投稿をアカウントで紹介することでUGCを増やすのです。

キャンペーンは〝飛び道具〟と考えよう

なお、先ほど解説した「①キャンペーンの実施」は、あくまでも〝飛び道具〟としてとらえたほうがよいでしょう。なぜなら、キャンペーンや広告に頼らないとフォロワーやエンゲージメントが増やせないという状況は、そのアカウントのオーガニックコンテンツに課題がある、あるいはファンがついていない状態であることを示しているからです。オーガニックコンテンツに課題がある状態では、キャンペーンや広告は短期的に効果を発揮したとしても、中長期での成果を期待することはできないでしょう。

キャンペーンは、あくまでも最初のきっかけを作るための手段と考えましょう。

POINT

ファンによる発信をうながすことでブランドの信頼を高めコミュニティを育てる

4-6 ファンの声を反映した商品開発のすすめ

■ファンとの対話は商品開発のための重要な情報源

SNSを活用したマーケティングにおいて、ファンとの対話は単なるコミュニケーション手段にとどまらず、商品開発のための重要な情報源となります。特に、熱心なファンやフォロワーの声を商品に反映することは、より消費者に寄り添った商品作りを実現し、ブランドの信頼や支持を高めるための強力な手段といえるでしょう。

ここでは、ファンの声を取り入れた商品開発のステップと、そのメリットについて解説します。

1 ファンとの対話を商品開発のヒントにする

SNS上でファンから寄せられるUGCやフィードバックは、日々のコンテンツの中で自然に得られる貴重なインサイト（消費者の購買行動の根底にある動機や本音）です。コメントやDM、シェアなど、さまざまな形で寄せられる意見を注意深く観察することで、ファンが求めている商品や改善点を見出すことができます。特に、**ファンが繰り返し同じ要望を述べている場合、それは潜在的なニーズの表れであり、新しい商品や改良の方向性を示していることが多い**です。

たとえば、ファッションブランドが「サイズが少し小さい」「色のバリエーションが欲しい」といった要望を複数回受け取った場合、その声をもとに新しいサイズ展開やカラーバリエーションを追加することで、消費者の期待（ニーズ）に応えた商品ラインナップを生み出すことができます。

2 アンケートや投票機能を活用する

ファンの声を商品開発に反映するには、SNSのアンケートや投票の機能を活用するのも効果的です。Instagramのストーリーズ機能やXの投票機能を使ってファンの意見を募ることで「好み」や「期待する仕様」などをダイレクトに確認できるため、より精度の高い商品開発が可能となります。また、**ファンはアンケートや投票に参加することで「商品開発のプロセスに参加できた」という感覚を抱くため、商品への愛着が一層深まります**。

たとえば、コスメブランドが新しいリップカラーをリリースする場合、SNSで候補のカラーを提示し、ファン投票でもっとも人気のあった色を商品化することで、ファンは「自分たちで選んだ商品」として愛着を持つようになり、売上向上にもつながります。

❸試作品やプロトタイプに対する意見を募る

開発段階で試作品などをSNS上で公開してフィードバックを募集することも、商品の精度を上げるうえで効果的です。この過程でファンから寄せられた意見を取り入れることで、よりユーザー視点に立った商品が完成します。また、商品のリリース前から情報を出して期待感を醸成しておくことで、発売時のファンの盛り上がりも期待できます。

たとえば、ガジェットメーカーが新商品の試作品をインフルエンサーやアンバサダー（162ページ参照）、一部の社員などに使ってもらっている様子をSNSで公開し、使い勝手やデザインに関するフィードバックを集めて実際の商品に反映すれば、結果としてユーザーの要望を取り入れた製品が完成します。さらにはユーザーの期待感を盛り上げつつ認知も広げられるため、初期販売の成功につながる可能性も高まります。

❹ファンとの共同開発によるエンゲージメント強化

一部のファンやインフルエンサー、アンバサダーなどと直接連携し、共同で商品開発を行うことも、ファンのブランドへの忠誠心を高め、エンゲージメントを強めるうえで効果的です。ファンを巻き込んで共同開発することで、ファンが「自分たちが作った」と感じられる特別な商品を提供できるだけでなく、ブランドとファンのつながりをさらに深めることができます。また、インフルエンサーとの共同開発の場合、そのインフルエンサーのファンは「応援する人が開発した特別な商品」と感じます。

たとえば、スポーツブランドが有名なアスリートとコラボし、その意見や使用感を反映したシューズを開発・販売することで、アスリートのファンを含むユーザーは、そのシューズに特別な価値観を見出します。また、開発段階で有名人を起用して話題性を付加することで、SNS上でも宣伝色を抑えた自然なプロモーションが展開できます。

ファンの声を商品開発に反映することは、ブランドとファンの信頼関係を築きながら、より市場に適した商品を生み出す重要なプロセスです。今後はSNSでファンとの対話を深め、新たな商品を共に作り上げることがブランド成長のカギとなるでしょう。

今の消費者が重視するのは共有体験や共感

今は商品やサービスが世の中にあふれており、バブル期のような「大流行」や「大ヒ

ファンの声を取り入れた商品開発の手法

①ファンとの対話を商品開発のヒントにする

ファンから寄せられた意見を取り入れ商品開発を行うことで、消費者の期待に応えた商品を生み出すことができる。

要望に応えて
色展開を増やそう!

②アンケートや投票機能を活用する

SNSのアンケートや投票機能を活用することで精度の高い商品開発が可能となり、参加したファンの商品に対する愛着も増す。

ロゴなしの
デザインのほうが
好評みたい

③試作品やプロトタイプに対する意見を募る

試作品などを公開して意見を募ることで、ユーザー視点に立った商品開発が可能になり、ユーザーの期待感も高まる。

こんなニーズが
あるとは
盲点だった!

④ファンとの共同開発によるエンゲージメント強化

ファンやインフルエンサーと商品を共同開発することで、ファンの思いのこもった「特別な商品」ができあがる。

あなたの思いに
応えた商品を作ります!

ット商品」は生まれにくくなっています。また、「欲しい」と思ったものをネット経由ですぐに見つけられる時代のため、ユーザーはかつてのようにわざわざ店舗まで出かけて「何を買うか」を吟味したり、「何があるか」を探したりといった、現場での「買い物体験」を楽しむ時代ではなくなりつつあります。

一方で、**今の消費者が買い物をするときに重視するのは、「誰から買うか」や「買うと決めるまでのプロセスやストーリー」などであり、こうした買い物に対する欲求や感情は、SNSを通した共有体験や共感から生み出されるもの**でもあります。

現代は、SNSというプラットフォームを自社や自社のブランドのコミュニティとして運営し、そこでユーザーに「好き」になってもらうことで、集客や消費へとつなげていく時代であり、この傾向は今後ますます進んでいくでしょう。

POINT

SNS上でのファンとの対話は
商品開発のための重要な情報源

4-7 SNSアンバサダーとの共創

アンバサダーマーケティングとは？

近年、注目を集めているマーケティング手法の一つに「アンバサダーマーケティング」があります。

これは自社のブランドや商品・サービスの熱心なファンをアンバサダー（使節や大使、代理人といった意味で、ビジネスシーンでは広告塔や宣伝大使などの役割を担う人を指す）として起用し、SNSやリアルでの投稿や口コミをうながすことで、新規顧客の獲得やブランドへのロイヤルティ向上を図る手法です。

その元祖ともいえる代表的な事例が、ネスレ日本（以下、ネスレ）が2012年に開始した「ネスカフェ アンバサダー」です。

そのしくみは非常にシンプルです。ユーザーが「ネスカフェ アンバサダー」になると、職場に無料でコーヒーメーカー「ネスカフェ ゴールドブレンド バリスタ」が設置でき、カートリッジを定期購入することで本格的なコーヒーを楽しめるというもの。

「ネスカフェ アンバサダー」になった人たちは、職場でルールを作って集金し、コーヒーの在庫管理、追加発注といった役割を担います。**そしてユーザーとして毎日のように、ネスレのコーヒーと接し、コーヒーメーカーを管理し、企業から意見を求められることで、彼らはネスレというブランドに親近感を覚え、ファンになっていきます。**

さらにネスレは、さまざまなイベントに彼らを招待し、エンゲージメントを強化しています。

こうしてファンになった人たちは、自発的にネスレを応援し、意見や提案をしてくれるようになり、SNSでの発信も積極的に行うようになります。

■SNSを活用したアンバサダーマーケティング

このアンバサダーマーケティングを、SNSをフル活用して成功させたのが、作業服や安全靴などを主力商品として展開し、近年は女性をメインターゲットにした店舗「#ワークマン女子」でも注目を集めるワークマンです。

もともとワークマンには、溶接職人が着る火花よけ用のヤッケという、年間3000枚ほど売れる商品がありました。あるとき女性のキャンプブロガーが、「この溶接用の作業着が焚き火に最適」という内容の投稿をしたところ、その年の火花よけ用ヤッケの販売数が約5000枚に伸びました。

そこで同社はこの女性ブロガーに声をかけ、キャンプファンや女性ファン向けの商品を共同開発したところ、この商品が年間で10万枚の大ヒットとなりました。これをきっかけに、ワークマンは自社の商品についてWeb上で発信している人たちに声をかけ、アンバサダーになってもらう「公式アンバサダープログラム」を開始しました。

アンバサダーに認定された人には、発売前に製品が提供されたり、展示会に参加したりといった特典はありますが、金銭的な報酬はありません。それでも、現在は「ワークマンのアンバサダーになりたい」というユーザー(ファン)がたくさんいます。

「熱心なファン」との共同開発

ワークマンは、こうした「熱心なファン」の声を取り入れて商品を共同開発することで、良質な商品を継続的に生み出しています。**また、開発に参加したアンバサダーたち**

「インフルエンサー」と「SNSアンバサダー」の違い

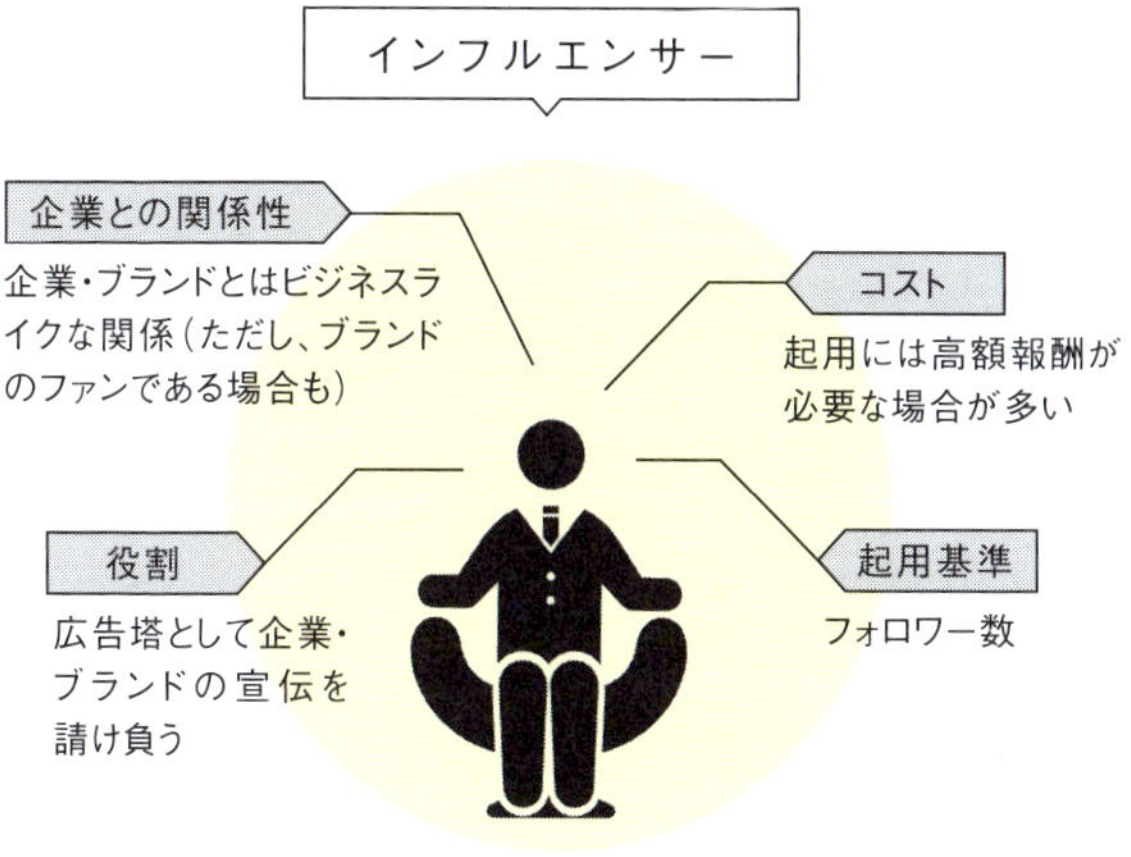

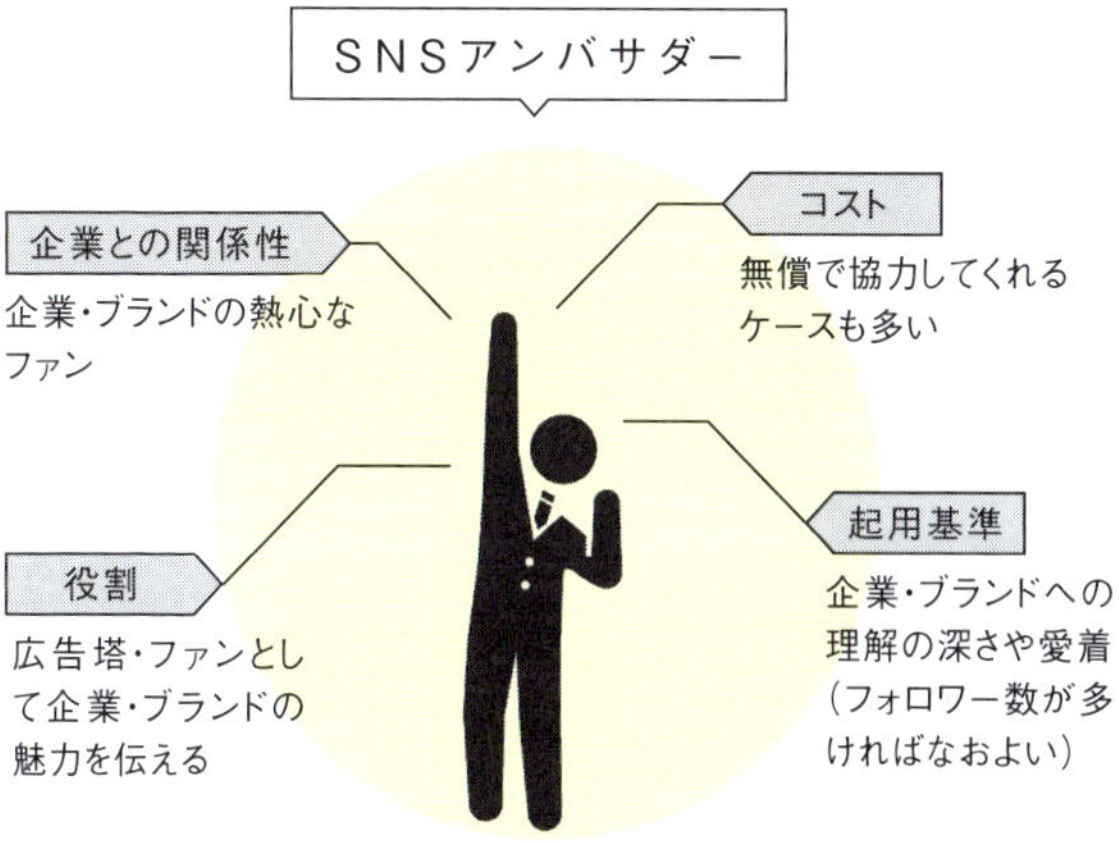

は自分のアカウントで開発に携わった製品を積極的に紹介してくれるため、売上にも大きく貢献しています。しかも彼らの投稿は、普段からワークマン製品を愛用するユーザーのリアルな発信であるため、宣伝色が抑えられるうえ説得力も強まります。

彼らのように企業の宣伝大使としてＳＮＳで情報発信をするアンバサダーは、「ＳＮＳアンバサダー」とも呼ばれています。

「ＳＮＳで情報を発信する宣伝大使」と聞いて、「インフルエンサーと何が違うの？」と思う人もいるかもしれません。両者の違いにおける一番のポイントは、前述のとおり、ＳＮＳアンバサダーはもともと「熱心なファン」であることです。

熱心なファンだからこそ無償でも喜んで参加してくれるうえ、リアルで信頼感のある発信ができるのです。

POINT

自社の「熱心なファン」と共同開発し
リアルで信頼感のある発信をしてもらう

4-8 インナーブランディングの重要性

社員に「働く意義」を感じてもらう

「そもそも論」になってしまうのですが、私が**企業のSNSアカウントの運用以前に重要と考えているのが「インナーブランディング」**です。

インナーブランディングとは、自社の社員に向けて行うブランディング活動のことです。**企業理念やブランド価値などを社内の従業員に浸透させ、「働く意義」を感じてもらう**ことで、モチベーションやエンゲージメントの向上にもつながります。

一般的には、「ブランディング」と聞くと、社外（主にユーザー）に向けて行う「アウターブランディング」をイメージする人が多いと思います。

しかし、SNSなどを使ってアウターブランディングを行う前に、そもそも発信する人が自社や自社のブランド、商品・サービスなどに意義を感じておらず愛着もないなら、ユーザーに「魅力的！」「この世界観が好き」などと感じてもらうことはできません。

メッセージに一貫性を持たせる

一定以上の規模の企業であれば、基本的に全社で共有する理念や価値観（あるいはパーパスやミッション、ビジョンなど）があるはずです。

そして、SNS上でブランドや商品・サービスの「ストーリー」を発信する際には、企業（ブランド）理念や価値観に一貫性を持たせる必要がありますが、それらを従業員（SNS運用の担当者）が理解していないと、一貫性のない曖昧な発信になってしまいます。

企業の目的は、売上や利益を上げることだけではなく、事業を継続し、持続的に成長を続けることでもあります。それを実現するためにも、現場で働く一人ひとりの従業員が自社の理念や提供すべき価値を理解することで、自ら課題を発見し、その課題の克服を目指して提供価値を向上させる努力をしなければなりません。

このように、インナーブランディングは企業が中長期的な成長を実現するためにも重要な施策であり、SNS上のコミュニティを継続的に成長させるうえでも不可欠な「軸」

となるものです。

自社の理念や価値観などを浸透させることは、企業の経営者や役員などの上層部が率先して行うべきことですが、もしも「上層部の意識が薄く、インナーブランディングの重要性を理解してもらえない」という場合には（そういう企業は、あまり先行きが明るいとは思えませんが）、チーム単位で定期的にディスカッションを行うなどして理念や価値観を共有することで、投稿などのメッセージに一貫性を持たせることができます。

企業のＳＮＳアカウントとして運用されるコミュニティは、**その企業やブランド、商品・サービスなどの魅力を一貫性のあるメッセージと共に発信することでユーザーに共感してもらい、語り合ってもらう場であるべき**です。

そのためにも、まずは「インナーブランディングから始める」ことを意識しましょう。

POINT

外部に向けてブランディングする前に内部のブランディングをしっかり行う

第5章

「データドリブン」でSNSの効果を最大化する

「データドリブン」などと聞くと、「難しそう」と思う人もいるかもしれませんが、安心してください。

現在は、便利な分析ツールがあるので、自社のSNSアカウントを分析するための数値化やレポート作成は、比較的容易に行うことができます。

SNSを運用するうえで、分析は欠かせません。

ファンが集まるコミュニティは、分析と改善を繰り返すことによって形作られていくからです。

特に「宣伝しない」でSNS運用を成功させるためには、ファンの声を積極的に「聞きに行く」必要があります。

そのためにも、分析は極めて重要です。

この章ではSNSの分析・改善のポイントを解説します。

5-1 SNSの分析に必要なマインド

■ SNS運用の成功のカギ

この章では、「SNSで宣伝するな」という本書の立場から、SNSの分析と改善を行う際のポイントを解説していきます。

残念ながら、現在、企業が運用するSNSは分析をせずに運用しっぱなし（もしくは情報を垂れ流しているだけ）のアカウントがほとんどです。

しかし、それでは当然、SNS運用は成功しません。

SNSの運用を成功させるためには、**目標に向かって運用する⬇その運用を分析する⬇分析結果をもとに改善案を出す⬇改善案をもとにさらに運用していく、という流れ（PDCA）が必要不可欠**です。

■コンテンツはオーガニックの数値で分析する

自社が運用するSNSを分析する際は、広告費をかけていない純粋なアカウントのパワーで獲得した「オーガニックの数値」と、お金（広告費）をかけて獲得した「広告の数値」を分けて見ることが重要です。

なぜなら、それらの数値を合算してしまうと、そのコンテンツが本当によかったのかどうかを示す「本来の数値」がわからなくなってしまうからです。

そもそも広告は、基本的には広告費を多くかければかけるほどいい数値を得られます（もちろん、広告運用のやり方によって変わるので例外はあります）。

そのため、たとえばある投稿を広告として出稿した場合、本来はその投稿が「フォロワーに刺さる内容かどうか」を分析したいのに、広告で獲得した数値を含めて分析してしまうことで「広告費をかけたから数値を多く獲得できた」という結果しか得られず、本来知りたかったはずの「コンテンツの良し悪し」がわからなくなってしまいます。

つまり、**純粋に広告の効果を知りたいのであれば、広告は広告として、オーガニックとは分けて分析するべき**なのです。

SNSの運用を成功させるためのサイクル

SNSマーケティングにおいては、以下の「PDCA」を繰り返し行うことが重要です。

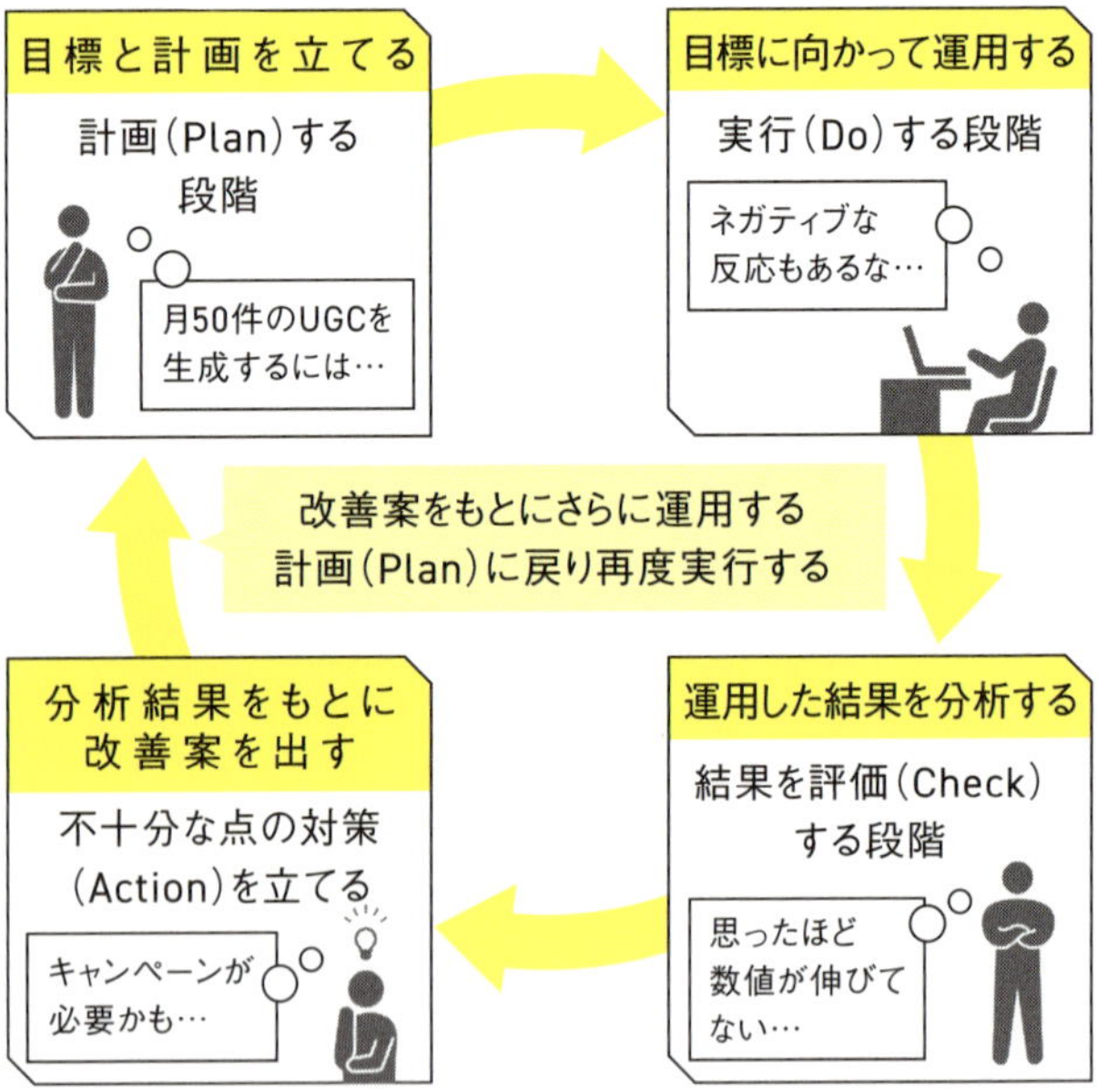
目標と計画を立てる
計画(Plan)する段階
月50件のUGCを生成するには…
目標に向かって運用する
実行(Do)する段階
ネガティブな反応もあるな…
運用した結果を分析する
結果を評価(Check)する段階
思ったほど数値が伸びてない…
分析結果をもとに改善案を出す
不十分な点の対策(Action)を立てる
キャンペーンが必要かも…
改善案をもとにさらに運用する
計画(Plan)に戻り再度実行する

たとえば、ターゲティングした層（基本的に広告は指定した属性にしか表示されません）に対して「こういう反応が取れている」という情報は、Meta広告マネージャ（Facebook広告の作成や管理、レビューなどができるツール）などの各プラットフォームの広告配信ツールを用いれば、数値はもとより、前回と比較したデータや、目標にどれだけ足りないのかといった情報を確認・分析することができます。

しかし、**SNSマーケティングにおいては、基本的には純粋なアカウントのパワーで獲得したオーガニックの数値で分析し、ユーザーからの素直な反応を把握することによって、コンテンツ制作のPDCAを回していくスタンスが必要**です。

もしレポートツール（195ページ参照）でオーガニックのみの数値が出ない場合は、簡易的な方法として「広告込みの数値－広告で獲得した数値＝オーガニックのみの数値」なので、ある程度の分析はそれでも可能です（Instagramの場合、広告込みの数値はアプリインサイトで、広告で獲得した数値はMeta広告マネージャで確認できます）。

極力ブレのない分析環境を作ることが重要

なお、SNSのデータを抽出・確認するタイミングも重要です。

「オーガニック」と「広告」の数値は分けて見る

オーガニックと広告の数値を合わせて分析してしまうと、「広告の効果」なのか「コンテンツの力」なのかの正確な分析・判断ができなくなってしまいます。

この2つを合わせて分析してしまうと、「広告費」と「コンテンツ力」のいずれの効果も把握できない!

「広告の分析」をするときの注意点

広告の数値を分析するときは、オーガニックとは別に上のような「広告軸の分析」を行いましょう。

「オーガニックの数値」の分析・改善のポイントは、このあと詳しく解説していきます。

たとえば、企業アカウントの場合は月単位で分析する場合が多いですが、その月の「1日」と「5日」に抽出した場合には、その分（ずれた4日分）の数値が伸びている可能性があります。そのため、レポートツールなどを使ってデータ抽出を行う場合は、「毎月5日」などと**基準日を設定することで、極力ブレのない分析環境を作りましょう**。

SNSの分析と改善を行う際は、運用時のユーザーへの「直接的な売り込み」を避けながらも、ブランドの存在感やエンゲージメントを高め、ファンとの信頼関係を深めることに焦点を当てて進める必要があります。

SNSマーケティングで目指すべきは、宣伝色をなるべく抑えたコンテンツでユーザーに〝自然に〟関心を持ってもらい、共感を得ることです。そのため、**分析を行う際もコミュニティの形成やエンゲージメントの質に重点を置くべき**です。

POINT

SNSの運用を成功させるには
適切な分析と改善の繰り返しが重要

5-2

分析ポイント①
エンゲージメントの質

■質の高い対話やコミュニティ形成に焦点を当てる

宣伝色を排除してユーザーにアプローチするためには、SNSのエンゲージメントを「いいね」やコメントの数だけで計るのではなく、質の高い対話やコミュニティ形成などに焦点を当てて分析・改善する必要があります。

どれだけのユーザーがブランドと自然な形で（あるいは自発的に）関わり、深い対話が生まれているかを重視して、分析・改善するのです。

そのためには、次の「指標（分析する際のポイント）」と「改善策」を意識しましょう。

【指標】

コメントの深さ…どれだけのユーザーがコメントなどの投稿で自分の意見を発信（共

有）し、ブランド（自社）と会話をしようとしているか、その内容や数を集計・分析します。

ユーザー同士の対話…自社アカウントのフォロワー同士がどの程度アクティブにやりとりしているか、企業・ブランドが提供した場がファンの交流の場として機能しているかなど、その内容や数を集計・分析します。

センチメントの分析…ユーザーがポジティブな体験や共感を共有しているかどうか、ネガティブなものはないかなどの割合を集計・分析します。

【改善策】

双方向の対話を増やす…企業・ブランド側からファンの投稿に対してコメントしたり、ストーリーズやライブ配信などで質問を投げかけたりすることでエンゲージメントを深めます。エンゲージメントが深いファンが集まることで、より強固なコミュニティが形成されていきます。

共感を生むストーリーテリング…ブランドの価値観や背景に焦点を当てた「物語」を投稿し、ファンとの感情的なつながりを強化します。ファンが共感する内容が多いほど、自然なエンゲージメントが生まれます。

SNSをうまく活用したストーリーテリングの例としては、チューリッヒ保険会社のInstagramがよいお手本といえるでしょう。

同社では、気候変動に対するさまざまな取り組みを行っており、そうした姿勢をInstagramの公式アカウント全体で表現しています。

チューリッヒ保険会社のInstagram公式アカウントのホーム画面。

POINT

エンゲージメントは「数」だけではなく質の高さやコミュニティ形成に焦点を当てる

5-3 分析ポイント② UGC

ファンが自然に発信したコンテンツを活用する

「宣伝しない」SNS戦略においては、**ファンに「自発的にブランドを語ってもらう」ことが最大の目標**といえるでしょう。

UGCはその象徴であり、ブランド側が押しつける形ではなく、ファンが自然に（自発的に）発信したコンテンツ（UGC）をSNS上で最大限に活用することによって、ブランドの信頼性が高まり、コミュニティも拡大するのです。

これを実現するためのポイントとなるのが、以下の「指標」と「改善策」です。

【指標】

UGCの投稿数…ファンがどの程度自発的にブランドに関するコンテンツを投稿して

いるか、その数を集計・分析します。

UGCへの反応数…ファンの投稿（UGC）がどれだけ他のユーザーに反応・拡散されているか、その数を外部からわかる範囲で集計・分析します（再生回数や「いいね」の数、シェア数などは投稿者本人の設定にもよりますが、基本的には閲覧可能です）。

UGCの質…ファンの投稿内容がどれだけブランドの価値観やメッセージと一致しているか、共感を生むものかなどを、「一致している／していない（ファンにブランドの価値観が伝わっているか／伝わっていないか）」を基準として集計・分析します。

【改善策】

UGCの積極的な紹介…ファンが投稿したUGCを公式アカウントで積極的にシェアし、ファンが「自分の声がブランドに届いている」と感じられるようにします。

UGCをうながす仕掛け…ファンが気軽に投稿できるようなチャレンジやテーマを提供し、無理なく参加できるキャンペーンを展開します。たとえば「日常でのこの製品の使い方をシェアしてください」「私たちの製品を使ったあなたのストーリーを教えてください」といった自然な誘導を行います。

SNSが全盛の現在は、UGCの数と、そのUGCをどれだけアカウント運用に活用できているかがマーケティングの成否を分けるといっても過言ではありません。

UGCを積極的に活用している企業については、3章にてGoPro（118ページ参照）の事例を紹介しましたが、他にもNikeやApple、Adidas、コカ・コーラ、無印良品、スターバックスといった有名企業がUGCをうまく活用したSNS運営を行っているので、参考にするとよいでしょう。

また、UGCを介したコミュニケーションによってファンと企業との関係性が深まることで、ニーズが顕在化したときに一番に思い出してもらえるようになります。そうした状態にまでなれば他人にもおすすめしてくれるようになるので、「ファンがファンを連れてくる」という、ファンマーケティングにおける理想的な状態にも近づいていきます。

POINT

UGCを最大限に活用することでブランドの信頼性が高まりコミュニティが拡大する

5-4
分析ポイント③ コミュニティ形成とブランドロイヤルティ

ファン同士の交流がブランドへの愛着を生む

本書が掲げる「SNSで宣伝するな」というアプローチにおいては、ブランド側からの「一方的な売り込み」ではなく、ファンに対して「SNSというコミュニティの場を提供する」ことが重要です。

また、ブランドとファンとの双方向の交流だけでなく、**ファン同士の交流をうながすことがSNS運営を成功に導くカギ**になります。ファン同士の活発な交流が生まれることで、ファンの間でブランドに対する共感や愛着（ブランドロイヤルティ）が醸成され、結果としてコミュニティの長期的な成長をうながすからです。

この状況を作り出すためには、179ページでも紹介した「ユーザー同士の対話」を意識して分析・改善する必要があります。それに加えて、次の「指標」と「改善策」も意識して実践しましょう。

【指標】

リピーターの増加率…SNSの閲覧をきっかけとした商品・サービスのリピーターがどれだけ増加しているかを集計・分析します。

イベントなどへの参加率や参加数…ライブ配信、SNSキャンペーンなどのオンラインイベントや、オフラインでのイベントの参加率や参加数を集計・分析します。

【改善策】

リピートをうながす施策…初回購入時に、2回目の購入に誘導できる限定クーポンを配布するなど、リピートをうながす施策を行いましょう。

ファン主導／ファンの意見を取り入れたイベントの企画・実施…ブランド側から情報発信するだけでなく、ファンが主体的に参加できるイベントやキャンペーンを企画するため、ファンの意見やアイデアをコメントやストーリーズのスタンプ機能などを用いて募集しましょう。ファンが主体となるイベントを実施することで、ファンが「自分もコミユニティの一部である」と感じられる場を提供することができます。

イベントなどを通してファンとの間で心を通わせ、企業とファンの絆をより強固なものにし、さらにはファン同士の交流を促進することで、値引きや販促キャンペーンなどがなくてもブランドを支持し、リピートし続けてくれるファンを増やすことができるのです。

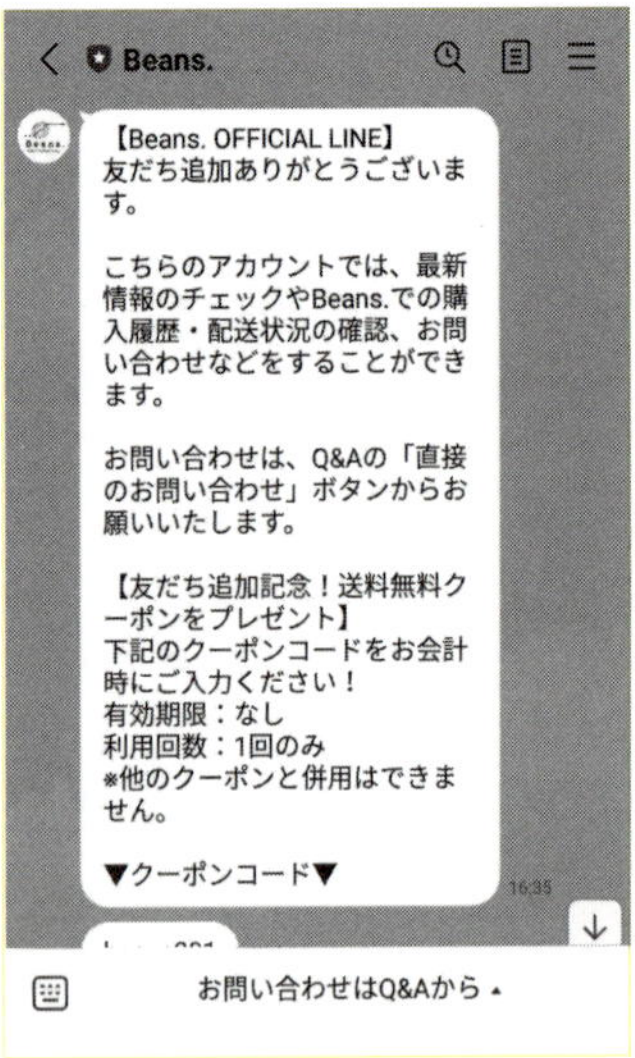

リピートをうながす施策の例。著者が経営するコーヒーブランド「Beans.」のLINE登録をすると、送料無料クーポンが送られてくる。

POINT

コミュニティの場を活性化することでファンのロイヤルティが高まる

5-5 分析ポイント④ フォロワー属性

■ブランドにもっとも共感している層を把握する

マーケティングにおいては「誰がブランドに興味を持っているのか」を理解することが極めて重要です。当然、SNSマーケティングにおいても「ペルソナ」（76ページ参照）の設定は、施策の根幹となります。

自社アカウントのフォロワーの属性を分析し、ブランドにもっとも共感している層を把握することで、的確なコミュニケーションを行い、適切なコンテンツを提供することが可能になります。

【指標】

フォロワーの属性データ…年齢、性別、地域、興味関心などが、設定したペルソナと合致しているかを確認します。

【改善策】

フォロワー属性に合わせたコンテンツ提供…ペルソナに似た属性のフォロワーを集められている前提で、主要なフォロワー層の特徴にもとづいて、彼らが関心を持つようなテーマのコンテンツやメッセージを優先的に発信します。たとえば、若年層が多いのであれば参加型のチャレンジ企画を行ったり、ショート動画で使用する音源を若い人たちの間で流行しているものにしたりするとよいでしょう（Ｉｎｓｔａｇｒａｍでは、その時々でよく使用されている音源名の頭には右斜め上向きの矢印がつきます）。投稿を継続して繰り返しテストを行うことで、ターゲット層の反応が良好なコンテンツを見つけていく、というスタンスが重要です。

もしペルソナに合致するフォロワーを集められていない場合には、ペルソナに設定している層が関心を持つインセンティブ（自社製品や自社ブランドに関するものを賞品として設定）を用意したフォロー条件のキャンペーンを行い、新たなフォロワーを集めることで、現状の「フォロワー属性を入れ替える」ことも検討しましょう。

同じ企業の中で複数の商品カテゴリがある場合や、同じブランドの中にペルソナが大きく異なる商品・サービスがある場合は、別アカウントを作成して運用することを検討したほうがよいでしょう。

なお、基本的には「1アカウント・1ペルソナ」が原則です。

ただし、現実問題として、予算や人員の都合で複数のアカウントを運用する工数をかけられないという場合もあると思います。

その場合は、例外的に一つのアカウントを複数のペルソナに向けて運用することもやむを得ませんが、それはあくまでも例外的なパターンであって、「理想的な運用方法ではない」ということは理解しておきましょう。

POINT

ブランドにもっとも共感している層を把握することで適切なSNS運用が可能になる

5-6 分析ポイント⑤ 投稿コンテンツの最適化

価値観やメッセージをしっかりと伝える

SNSマーケティングにおいては、ブランドの価値観やメッセージに一貫性を持たせて発信し、ファンとの共感を深めることが重要です。そのためには、商業的な宣伝ではなく、「ファンにとって価値のある情報」を中心とした投稿を行う必要があります。

また、**ブランドの価値観やメッセージがファンにしっかりと伝わっているか**（ターゲットであるファンにとって最適な投稿となっているか）**を分析し、改善する**ことも求められます。

【指標】

ブランドの価値観にもとづく投稿のエンゲージメント率…ブランドの理念やストーリーに関連した投稿がどれだけ「ファンの反応」を引き出しているかを調べるため、分析対象となるコンテンツのエンゲージメント率を集計・分析します。分母はリーチ数、分子は反応数（いいね、コメント、保存、シェア、画像タップなど、ファンの反応を示すすべてのエンゲージメント）です。

ブランドの価値観にもとづく投稿のシェア率…ブランドが提唱する価値観に共感し、他の人にシェアしたいと感じた割合を集計・分析します。分母はリーチ数、分子はシェア数です。

【改善策】

価値観の伝え方を変更する…ブランドの価値観にもとづく投稿のエンゲージメント率が低い場合は、「あたりさわりのない表現になっていないか（万人受けを狙いすぎていないか）」「ペルソナを想定したうえで、そのペルソナに刺さる内容や表現になっているか」などを見直し、改善の余地がある場合は投稿内容の最適化を図ります。

ファンの声を取り入れたコンテンツの作成…ファンの意見やUGCを参考にしながら、ブランドの価値観に沿った形で、ファンの声を反映させた投稿を増やしましょう。

分析と改善のポイント(まとめ)

コミュニティの形成と深いエンゲージメントの獲得

エンゲージメントの質	UGC	コミュニティ形成とブランドロイヤルティ
指標	**指標**	**指標**
▶コメントの深さ ▶ユーザー同士の対話 ▶センチメントの分析	▶UGCの投稿数 ▶UGCへの反応数 ▶UGCの質	▶ユーザー同士の対話 ▶リピーターの増加率 ▶イベントなどへの参加率や参加数
改善策	**改善策**	**改善策**
▶双方向の対話を増やす ▶共感を生むストーリーテリング	▶UGCの積極的な紹介 ▶UGCをうながす仕掛け	▶リピートをうながす施策 ▶ファン主導／ファンの意見を取り入れたイベントの企画・実施

ファン(フォロワー)の属性分析

指標

▶フォロワーの属性データ

改善策

▶フォロワー属性に合わせたコンテンツ提供

投稿コンテンツの最適化

指標

▶ブランドの価値観にもとづく投稿のエンゲージメント率

▶ブランドの価値観にもとづく投稿のシェア率

改善策

▶価値観の伝え方を変更する

▶ファンの声を取り入れたコンテンツの作成

SNS運用成功のカギは「分析」と「改善」

「SNSで宣伝するな」というアプローチにもとづく分析と改善は、ファン（フォロワー）の属性分析（分析ポイント④）、投稿コンテンツの最適化（分析ポイント⑤）、そしてSNS内でのコミュニケーションの活性化によるコミュニティの形成と深いエンゲージメントの獲得（分析ポイント①②③）が基本です。

これらの分析・改善を繰り返し行い、宣伝に頼らずファンの自然な関与を促進することで、ブランドとファン、そしてファン同士のつながりが強化され、「ファンがファンを呼ぶ」コミュニティが構築されていきます。このアプローチを継続し、**ファンとの信頼関係を築き上げていくことで、長期的なブランドの成長が実現する**のです。

POINT

価値観やメッセージに一貫性を持たせてファンにとって最適な投稿を行うことが重要

5-7 分析ツール導入のすすめ

手作業のレポート作成は工数がかかる

これまで紹介してきたような分析や、ここで紹介できなかったような日々の簡易分析を行う場合は、各ＳＮＳにインサイト機能（ＳＮＳのアカウントやコンテンツのパフォーマンスを数値で確認できる機能）があるので、それらを活用しましょう。

インサイト機能を利用すれば、フォロワーに関する各種の数値や投稿への反応など、さまざまなデータの確認ができるので、効果的なコンテンツ戦略を立てるうえで非常に役立ちます。

ＳＮＳ分析の流れとしては、インサイトを確認して必要な情報だけを選別し、それをＥｘｃｅｌなどに転記してレポート資料としてまとめたものを、チームで確認しながら分析するという方法が一般的です。

しかし、こうした手作業によるレポート作成にはかなりの時間と工数がかかります。そのため、私が経営する株式会社ROCが提供している「Reposta（レポスタ）」のような、各社からリリースされているSNS分析用のレポートツールを導入するのも一つの方法です。

自社での運用に適したレポートツールを選ぶ

レポートツールを使えば、自動でレポートを出力することができます。たとえば1カ月分のレポートであれば、わずか数秒程度での出力が可能です。

各社のレポートツールは、どれもプラットフォーム側が提供している公式API（※）を利用してデータを抽出しているため、どのレポートツールを使ったとしても、基本的に、出力できる数値に差はありません。

ただし、その「抽出した数値」をどのようにアウトプットするのか、という点に各社の特徴があるので、**レポートツールの導入を検討する際には、「自社のSNSでやろうとしていることに合ったツールかどうか」という視点で比較**しましょう。

限られた大切な時間を、無駄な工数をかけてレポート作成に費やすのは得策ではあり

※ API…Application Programming Interfaceの略。異なるソフトウェアやアプリケーション間で機能を共有し、資源として利用するためのしくみ。

レポートツール選びのポイント

レポートの見た目

自分やチームメンバーにとって見やすいか。

予算

無料から月額数万円まで機能によりさまざま。

どのSNSに合ったツールか

自分がメインで使っているSNSに合ったツールか。

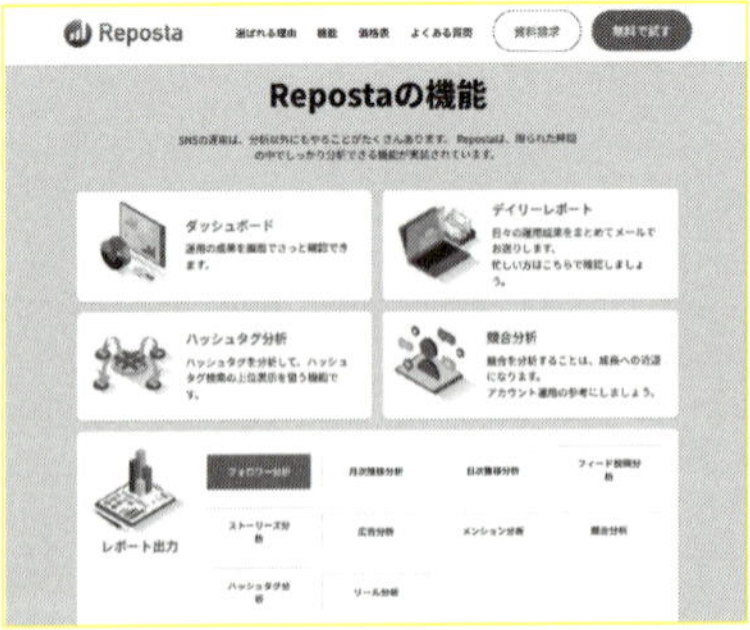

株式会社ROCのホームページより、同社が提供しているレポートツール「Reposta」の機能紹介ページ。レポート特化のSNS分析ツールとして人気。

ません。ここで紹介したようなレポートツールを活用して、可能な限り工数を削減すべきです。

それによって**捻出できた時間で、もっとフォロワーやファンと向き合い、よりよい企画やコンテンツを発信してください**。

今の時代は、便利なものやツールがあふれています。SNSも、その一つです。そして、その「便利なもの」を有効に活用しなければ、いずれ競争に負けて淘汰されていく時代です。

SNSにしろ、レポートツールにしろ、費用対効果を考えたうえで「使えるものは積極的に取り入れる」という姿勢がない企業は、いずれ取り残されていくでしょう。

POINT

レポート作成の時間を削減し
ファンと向き合う時間を増やす

第6章

SNS
マーケティングの
これから

最終章のテーマは、「これからのSNS」です。

まず、第一に考えるべきことは、SNS運用の「内製化」です。なぜなら、運用成功のカギは、外部の人間による「SNS運用」や「SNSマーケティング」の専門性ではなく、自社の事業や商品・サービスに対する専門性だからです。

そして、これからのSNS運用の担当者には、変化に対応するための好奇心と柔軟性が求められます。

今後、ビジネスおよびマーケティングにおけるSNSの重要性は、ますます高まっていくでしょう。そして、AIやメタバースの普及と歩調を合わせるように、SNSマーケティングの手法も進化していくはずです。

この章のキーワードは、「現実世界≒SNS」です。

6-1 内製化が究極のゴール

■これからのSNSは「内製化」が重要なテーマ

これからのSNS運用は、これまでのやり方にとどまらず、テクノロジーの進化や消費者の行動変化に合わせた柔軟な対応が求められます。

SNSはますます複雑になり、消費者とのつながり方も多様化していく中で、企業はどのようにSNSを運用し、ブランド価値を高めていくべきなのでしょうか。

この章では、これからの時代に必要なSNS運用のあり方をお伝えします。

これからのSNS運用は「内製化」が重要なテーマとなります。

なぜなら、**SNSは単なる情報発信ツールから、企業と消費者がリアルタイムで関わる場へと進化している**からです。

外部委託では、ブランドのこまやかなニュアンスの理解や即時対応などが難しい場合が多いです。特にエンゲージメントを高めるための迅速かつパーソナライズされたコミュニケーションが求められる場面では、どれだけ内製化できているかが、ミッションが達成できるかどうかの分かれ目になります。

とはいえ、「それは理解できるけれど、現状は運用担当者を社員として雇うのは難しい」という企業やブランドも多いでしょう。その場合は、広告代理店やSNSマーケティング会社に運用を依頼することになります。

SNS運用を外部委託する場合の基準

外部にSNSの運用を委託する場合は、スピード感を持って対応できる体制があるかどうかや、ブランドの細かい部分まで理解してくれているかどうか（そのうえで、ブランドに適した提案をしてくれているかどうか）、内製化したあとにも活用できる分析ツールの提供を含めて、将来的に内製化を前提とした対応を行ってくれるかどうか、などを選定の基準にするとよいでしょう。

SNS運用はなるべく「内製化」するべき

外部委託

お金を払ったんだから
何とかしてくれるはず

専門家に任せておけば
大丈夫だよね

広告代理店やSNSマーケティング会社など外部の人は「SNS運用」や「SNSマーケティング」の専門家であったとしても、「自社の事業や商品・サービスなどの専門家」ではない。

内製化

課長の判断を仰いで
すぐに返答しよう

この問い合わせは
○○部の××さんなら
すぐに対応できそうだ

自社の事業や商品・サービスの専門家である内部の人間がSNS運用を行うことによって、迅速な対応やパーソナライズされたコミュニケーションが可能になり、ファンのエンゲージメントが高まる。

ただし、先ほど述べたとおり、SNS運用は本来、社内の担当者が行うべきです。**外部の人間は、たとえ「SNS運用」や「SNSマーケティング」の専門家であったとしても、依頼した会社の事業や商品・サービスなどの専門家ではありません。**

マーケティングとは、自社の事業や商品・サービスと密接に関わったものであり、特に長期的に運用を行う場合は、外部ではなく内部の人間が担当することで、パフォーマンスとコストの両面において格段に優れた対応や施策が可能になります。

とはいえ、「SNSマーケティングとは何か？」を学ぶきっかけとして、運用を外部に委託することは問題ありませんし、むしろ有益なことです。そのため、**外部に委託する際には、委託先に任せきりにするのではなく、「いずれ自分（自社）で運用する」というつもりで、しっかりとノウハウを身につけましょう。**

POINT

SNSの運用は外部に委託するよりも
内製化することで優れた対応や施策が可能になる

6-2 内製化するためのポイント

SNS運用を内製化することのメリット

前のページで、SNSはなるべく社内で運用（内製化）するべきと書きましたが、その方法を解説する前に、まずは内製化することのメリットをお伝えしましょう。

【内製化のメリット】

ユーザーの要望に迅速に対応できる…社内チームがSNS運用を担当することで、ユーザーからのフィードバックにリアルタイムで迅速に対応できるため、信頼感を高めることができます。

ブランドの一貫性が保てる…ブランドの価値観やメッセージを深く理解している社内の担当者がSNSを運用することで、一貫したトーンとメッセージが保たれます。

社内対応が迅速にできる…ユーザーの直接的な声をリアルタイムで社内に反映でき、プロダクト改善やサービス向上にすぐにつなげることが可能になります。

内製化に向けた主なステップ

次に、内製化に向けた主なステップを紹介します。これらはすべて社内でできることですが、「どこから手をつければいいかわからない！」という場合は、外部の専門家に講習や初期段階の運用設計を依頼するという方法もあります。

【内製化に向けた主なステップ】
社内チームの強化…SNS運用を行うチームを設け、クリエイティブ作成やデータ分析などを担当するスタッフを配置します。可能であれば、他の仕事を兼務しない専任の担当者を用意するのが理想です。また、クリエイティブや施策を最終判断する決裁者がSNSネイティブな世代ではない場合、その決裁者に従いすぎると失敗する傾向にあるので注意が必要です。私が過去に担当した事例では、経営層がSNSの重要性を理解し、トップダウンでSNS運用を推し進めている企業が成功する傾向にあります。

内製化のポイント

内製化のメリット

ユーザーの要望に迅速に対応できる

この件なら
すぐに解決
できそうだ

ブランドの一貫性が保てる

このケースは
こういうメッセージを
投稿しよう

社内対応が迅速にできる

販売管理部の
○○さんに
すぐに相談しよう

内製化のステップ

STEP 1 社内チームの強化
役割ごとの担当者を決める。
専任のチームを設けるのが理想。

STEP 2 ツールの導入
レポートツールなどを活用して
最低でも月1回はデータ分析を行う。

STEP 3 ブランド理解の徹底
ブランドの価値観やミッションを
十分に理解したうえで運用する。

ツールの導入…SNSの分析ツール（194ページ参照）を活用して、実際に投稿したクリエイティブやキャンペーンがどのような反応を示しているのか、最低でも月1回という定期の形でデータ分析を行いましょう。

ブランド理解の徹底…社内のSNS担当者が決まったら、その社員に対してブランドの価値観やミッションを徹底的に理解させ、一貫したコミュニケーションを実現できるようにしていくことも必要です。

先ほども少し触れたとおり、たとえ過去にマーケティングの実績がある人だったとしても、**SNSに詳しくない（理解していない）人がマネジメントを行うと誤った判断や決定をしてしまう可能性が高まるため、内製化においてはリーダー選びも極めて重要**です。

POINT

運用の内製化により対応が迅速になり
プロダクト改善やサービス向上にもつながる

6-3 AIとSNS

■SNSマーケティングにおけるAIの主な活用例

近年のAI（Artificial Intelligence／人工知能）技術の進歩は、SNS運用にも大きな影響を与えています。特に**AIを活用した分析、コンテンツ生成、カスタマーサポートは、企業のSNS戦略をさらに上のレベルに引き上げる**可能性を秘めています。

AIは大量のデータを短時間で処理できるため、消費者のニーズをリアルタイムで迅速に把握することができます。また、AIの登場により、より個別化された体験をユーザーに提供することも可能になりました。

現在、SNSマーケティングにおけるAIの主な活用例としては、次のようなものがあります。

コンテンツ生成…AIは消費者の興味や行動履歴をもとに、最適な文章・画像・動画などのクリエイティブを自動生成することができます。これにより、投稿のパーソナライズ度が高まり、よりエンゲージメントの高いコンテンツを作成できるようになりました。

自動返信とチャットボット…AIを活用したチャットボットをSNSに組み込むことで、24時間体制でユーザーからの問い合わせに対応できるようになりました。カスタマーサポートの迅速化は、顧客体験の向上に直結します。

データ分析と予測…AIは大量のSNSデータをリアルタイムで解析することで、どのコンテンツがもっとも効果的か、どのターゲット層がブランドにもっとも関与しているかなどについて、精度の高い予測ができます。これにより、最適な投稿時間やコンテンツのトーンなどを、より正確に選定できるようになりました。

AIを導入した際に注意すべき「バランス感覚」

現在、世界でもっとも有名なAIはOpenAI社の「ChatGPT」でしょう。このChatGPTでも、SNSでの投稿文章、ハッシュタグ、画像などを生成することが可能です。

「AI」が活用できる主な業務

コンテンツ生成

キャプションやコピーなどの文章から各種画像、動画まで、クリエイティブにAIを活用できる範囲は広がっている。

文章
動画
画像

自動返信とチャットボット

AIを活用したチャットボットをSNSに組み込むことで、担当者が不在でも24時間体制での顧客対応が可能に。

お問い合わせありがとうございます
担当者より折り返しご連絡いたします

データ分析と予測

AIを活用することで、大量のデータをリアルタイムで正確に分析し、未来の事象や行動を予測することが可能に。

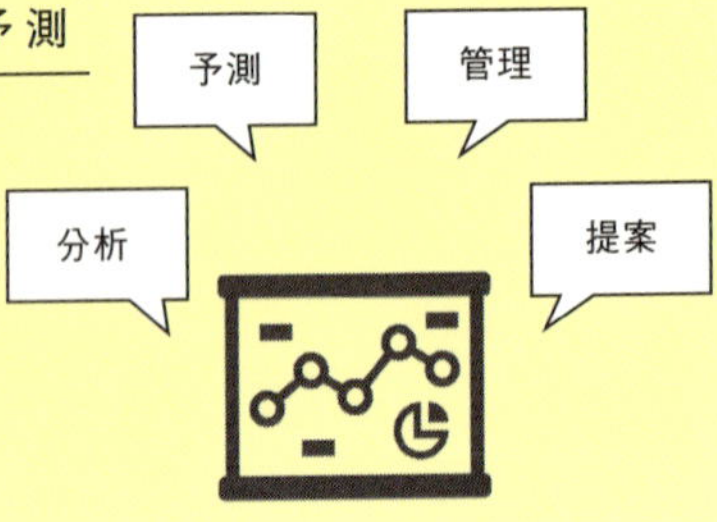

予測
管理
分析
提案

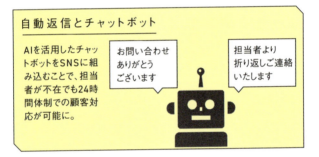

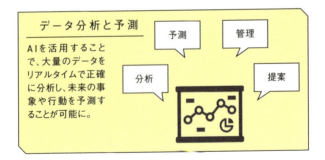

Ｇｏｏｇｌｅなどの大手を含めた各社がＡＩツールを発表していますので、まずは自分の環境に適したものを使ってみることをおすすめします。

なお、ＡＩを導入する際に注意すべきなのは、「バランスの確保」です。

ＡＩは効率を上げるためのツールとしては非常に効果的ですが、ユーザーとの関係を築くためには「人間らしさ」も大切です。

1から10までを完全にＡＩに任せるのではなく、**「人間のクリエイティビティ」や「感情的なつながり」などを失わない範囲で、機械的に効率化できる部分を補完する役割をＡＩに担わせる、というバランスが現代では最適**といえるでしょう。

ＡＩをうまく活用することによってＳＮＳ運用の内製化もしやすくなるはずですので、積極的に取り入れていきましょう。

POINT

ＡＩの活用は大いにすべきだが、ユーザーとの関係を築くには「人間らしさ」も大切

6-4 メタバースとSNS

■リアルな視覚的・体験的な共有の場

インターネット上の仮想空間を「メタバース」といいます。コンピュータの中に構築されたバーチャルな3D空間のことを指し、そこで共同作業や学習、遊びなど、人と人とがつながり合ってさまざまな体験を共有することが可能になります。

このメタバースの登場により、SNSは従来のテキストや画像、動画などが中心のプラットフォームから、より没入型の体験を提供する場へと変化していきます。

今後、ユーザーは仮想空間でアバター（仮想空間においてユーザーの分身となるキャラクター）を使ってコミュニケーションし、現実では得られない自由な自己表現をすることが可能になるでしょう。

SNSにおけるコンテンツの受信は、単純に「読むもの」や「見るもの」ばかりでなく、よりリアルな視覚的・体験的な共有の場に変化し、バーチャルイベントや共同活動が中心になることで、さらに深いエンゲージメントと新しい形のコミュニティが生まれると期待されています。

メタバースがより深いエンゲージメントを促進する

たとえば、メタバース内で企業・ブランドがバーチャル店舗やイベントを開催し、ユーザーが仮想空間内で商品やサービスを試したり、他のユーザーと交流したりすることができるようになるでしょう。

これにより、**従来のSNS運用に仮想空間における「体験」の要素が加わり、より深いエンゲージメントを促進できるようになる**はずです。

また、ブランド体験の拡張も期待できます。

メタバースでは、ユーザーがブランドの世界観をバーチャル空間で体験できるため、SNSに投稿されたコンテンツをそのまま拡張して、バーチャル空間で再現することが可能です。たとえば、アパレルブランドがメタバース内でファッションショーを開催し、ユーザーがその場で試着したり購入したりすることができるようなイメージです。

メタバースの種類

現在、インターネット上で運用されているメタバースは、大きく分けると「ゲーム系」「ソーシャル系」「Web3系」「ツール系」の4種類があります。

ゲーム系メタバース	ゲームをプレイすることができるメタバース。アーティストのライブなどのイベントが行われることも。「Fortnite（フォートナイト）」「Roblox（ロブロックス）」「Minecraft（マインクラフト）」「あつまれどうぶつの森」などが有名。
ソーシャル系メタバース	他のユーザーとコミュニケーションを取ることに重きを置いた、SNS的な要素が強いメタバース。「ZEPETO（ゼペット）」「VRChat（ブイアールチャット）」「NeosVR（ネオスブイアール）」「cluster（クラスター）」などが有名。
Web3系メタバース	ブロックチェーン技術を利用して作られたメタバース。ユーザーは仮想空間内でNFTや仮想通貨を用いて商業活動をすることもできる。「The Sandbox（ザ・サンドボックス）」「Decentraland（ディセントラランド）」などが有名。
ツール系メタバース	企業や個人が料金を支払うことで、指定された仮想空間を自由に使用できるメタバース。MaaS（Metaverse-as-a-Service）系とも呼ばれる。展示会などのイベントや会議、メタコマース（メタバースEC）などさまざまな用途で使用できる。

メタバースの時代はすぐそこまで来ている

「メタバースの一般化なんて、まだまだ先の話」と思う人もいるかもしれませんが、この20〜30年で、インターネット上で体験できる領域は急速に広がり続けています。実際に、**デジタルネイティブ世代は、すでにメタバースを使いこなしている人も多い**です。

SNSの未来は、没入型体験とパーソナライズ化が進むと、私は予想しています。また、AIの進化により、コンテンツや広告がさらに個々のユーザーに合わせた形で提供されるようになれば、より深いエンゲージメントも期待できます。

近い将来、SNSは単なる情報共有の場から、体験中心のインタラクティブな空間へと変化していくでしょう。

POINT

企業SNSにおけるメタバース活用が必須となる未来はすぐそこまで来ている

6-5 現代に対する違和感

■オンラインとリアルの境目はなくなる

私には、「現代に対する違和感」があります。それは、多くのネットユーザーが「SNSを含むオンライン」と「現実世界のリアル」を分けて考えているという点です。

たとえば、いまだにSNSのコメント欄についたコメントを無視している企業は多いです。また、電話や正規の問い合わせフォームからの問い合わせにはしっかりと対応するのに、DMで届いた問い合わせには対応しないといった企業もあります。

先ほど解説したとおり、これからはVR（Virtual Reality／仮想現実）やAR（Augmented Reality／拡張現実）などがますます発達し、メタバースの時代になっていくでしょう。そうした時代には、より「オンライン」と「リアル」の境目がなくなってくると、私は考えています。

SNSは重要なコミュニケーションツール

SNSでの問い合わせが軽視される背景には、デジタルネイティブではない上の世代の人たちの「SNSは個人で楽しむものであって、ビジネスツールではない」という思い込みが大きく影響しているのだと思います。

しかし、デジタルネイティブ世代にとってSNSは、そうした世代の人たちにとっての電話やEメールなどと同じ、あるいはそれ以上に日常的かつ重要なコミュニケーションツールであり、対応がなかったり悪かったりすると、かなり印象が悪くなります。

そのため、今後はオンラインでの対応も、リアル（対面）や正規ルートでの問い合わせへの対応と同じように扱わないと（そういう免疫や体制を作っていかないと）、デジタルネイティブ世代が社会のメインになってくるこれからの時代に対応できなくなっていくでしょう。

しかし、そういう時代になってからでは遅いのです。

企業は、そのような未来を想定して、今、動かなければなりません。

現実世界≒SNS

人間の感性や対応力は、新しいことから逃げ続けていると退化していきます。終身雇用制度が崩壊しつつある現在、自らの実力を磨き続けなければ社会から取り残されていくことになるでしょう。そしてSNSは、この先もしばらくは進化し続けるはずです。

SNS時代のマーケティング担当者が生き残っていくためには、その進化に対応し、楽しみ続ける感性が求められます。

今後は、あらゆる世代、あらゆる国の人たちがインターネット上でリアルなコミュニケーションを行う時代になっていきます。そのときに取り残されないためにも、**「現実世界≒（ニアリーイコール）SNS」**という意識を持ち、対応していくことが大切です。

POINT

SNSはビジネスシーンにおいても重視すべきコミュニケーションツール

おわりに

25歳の時に出版した『Ｆａｃｅｂｏｏｋを最強の営業ツールに変える本』（技術評論社）からはじまり、現在34歳になって、私のソーシャルメディアマーケティング領域での事業も11年目を迎えました。

２０１６年に創業した株式会社ＲＯＣは、各業界でもロールモデルとなる大手企業様のソーシャルメディアを数多く担当させていただける会社に成長しています（まだまだこれからですが）。

これまで３００社以上（アカウント数だとそれ以上）のソーシャルメディアを支援してきて、「確実にこうあるべきなのに、多くの企業がそうなっていない」という違和感を持ち続けてきました。

その違和感を払拭しようと事業を通して動いてきたものの、なかなか自分たちだけの力で一気に変化させることは難しいというのが実情です。

今回は、その「違和感」に切り込んだ本になりました。

私が抱いてきた違和感とは、「企業はもっと消費者と人間的なコミュニケーションを取る必要がある」とわかっているにもかかわらず、「炎上が怖い」「工数がかかりすぎる」といった理由をつけて双方向のコミュニケーションや施策を疎かにしており、やろうともしていない企業が多い、ということに起因しています。

本書でもここまでお伝えしてきたように、これからの時代は、オフラインでの対応とオンラインでの対応に差をつけていては、企業活動に支障が出てきます。ビジネスでSNSを活用する企業や事業者は、そのことをしっかりと理解して取り組む必要があります。

ここからは、本書に関わってくれた方々への御礼です。

事例掲載にご協力くださった多くの企業様、ありがとうございました。実際の事例がないとなかなかイメージが伝わりづらい部分も多いため、本当に助かりました。

本書でご紹介している企業様は、SNS活用において素晴らしい成果を出されているため、この本を読んでくださった方々もフォローして参考にしていただければと思います。

本書の制作チームの皆様、本当にお疲れ様でした。今回で著書としては翻訳版を除くと9冊目となりますが、過去で一番、執筆の作業開始から出版までの期間が短い本でした。それだけ多くの方が関わってくださったということです。

正直、会社を2社経営しながらの書籍執筆はかなりの重労働なので、特に編集担当としてついてくださった吉原さんと小芝さんの力がなければ、間違いなくこの本は完成しませんでした。ありがとうございました。

そしてなにより、ここまで読んでくださった読者の皆様。本当にありがとうございます。

著者として本を書きながら常々思っていますが、本は読者の方に読んでいただいてこそ、コンテンツとして完成すると思っています。本も、著者と読者が同じところを見て、感じて、見えないところで心を通わせられるコンテンツなので、ＳＮＳほど直接的ではないものの、双方向型のコンテンツであるというとらえ方もできると思っています。

さらに双方向型のコンテンツとするには、「#ＳＮＳで宣伝するな」というハッシュタグと「@ｇｅｎｘｓｈｏ」（Ｉｎｓｔａｇｒａｍ、Ｘ、ＴｉｋＴｏｋ、すべて同じＩＤです）をメンションして発信していただけると、それはＳＮＳ上のＵＧＣとなり、私のもとまで届くので反応ができます。

この本をきっかけに、ＳＮＳ上でも直接的な双方向のやりとりができるとうれしいです。投稿やＤＭでの感想をお待ちしております。

本書に関わってくださったすべての方に感謝です。

ありがとうございました！

坂本 翔

STAFF
企画・編集　吉原彩乃
編集・執筆協力　小芝俊亮（小道舎）
ブックデザイン　小口翔平＋後藤司＋神田つぐみ（tobufune）
DTP・図版制作　柳本慈子

坂本 翔

株式会社ROC代表取締役CEO・ファウンダー。1990年生まれ、神戸市出身の起業家・ビジネス書作家。23歳で兵庫県内最年少の行政書士として起業し、主催イベントにのべ1100名以上をSNS集客。その後、数多くの企業のSNS運用で実績を出し、著書は累計23万部を突破。現在は様々な企業のSNS施策を担当しながら講演活動も行い、メディア出演も多数。2024年には、世界的スピーチプログラム「TEDx」への登壇、スペシャルティコーヒー専門店「Beans.」の立ち上げなど、活動の舞台を広げている。

Instagram & X & TikTok:genxsho

SNSで宣伝《せんでん》するな

永続的《えいぞくてき》に愛《あい》され、売《う》れる「熱狂《ねっきょう》SNSマーケティング」の教科書《きょうかしょ》

2024年11月20日　初版発行

著者	坂本 翔《さかもとしょう》
発行者	山下 直久
発行	株式会社KADOKAWA 〒102-8177 東京都千代田区富士見2-13-3 電話0570-002-301(ナビダイヤル)
印刷所	TOPPANクロレ株式会社
製本所	TOPPANクロレ株式会社

●お問い合わせ
https://www.kadokawa.co.jp/(「お問い合わせ」へお進みください)
※内容によっては、お答えできない場合があります。
※サポートは日本国内のみとさせていただきます。
※Japanese text only

定価はカバーに表示してあります。

ISBN 978-4-04-684357-9　C0034